Pia Pedevilla
Karl-Heinz Reicheneder
Alice Rögele
Heidrun und Hans H. Röhr
Eva Sommer

Alpenländische Weihnacht

Bastelideen aus den Bergen

INHALTSVERZEICHNIS

- 3 VORWORT
- 4 ALLGEMEINE ANLEITUNG
- 8 DEKORATIONEN FÜR DRAUSSEN
  - 8 Herzlich Willkommen! ○○
  - 10 Vogelhaus ○○○
  - 10 Herzstecker ○○○
  - 12 Türmobile ○
  - 14 Winterkinder ○○○
  - 16 Rebenkugeln ○
- 18 DEKORATIONEN FÜR DRINNEN
  - 18 Kiefernzapfenleuchter ○
  - 20 Trachtenengel ○○
  - 22 Winteruhr ○○○
  - 24 Verschneites Winterdorf ○
  - 25 Fatschenkindl und Wiegenkind ○○
  - 26 Gewürzlaterne ○○
  - 26 Fenstergirlande ○○
  - 28 Zünftige Zapfenmännchen ○○
  - 30 Winterlandschaften ○○○
  - 32 Stimmungsvoller Krippenstall ○○○
- 38 SCHÖNES FÜR TISCH UND BAUM
  - 38 Christbaumschmuck ○○
  - 40 Tischkranz ○○
  - 40 Deko-Kette ○○
  - 42 Tischdekoration ○○
  - 46 Baumschmuck mit Edelweiß ○
  - 48 Kissen und Tischläufer ○○
- 50 WEIHNACHTEN IN DEN BERGEN: ALTE BRÄUCHE
- 52 SCHÖNE GESCHENKIDEEN
  - 52 Weihnachtskarte ○
  - 52 Geschenkanhänger ○
  - 54 Lustige Mini-Rucksäcke ○○
  - 56 Heute kommt der Nikolaus! ○
  - 58 Auf der Piste ist was los! ○○○
  - 60 Flauschiger Filzstiefel ○
  - 62 Rustikale Spandose ○○
  - 62 Bilderrahmen ○○
- 64 VORLAGEN
- 80 IMPRESSUM

Alpenländische Weihnacht

Weihnachten in den Bergen: Sofort denken wir an schneebedeckte Berge und Tannenwälder, in denen sich Hirsche und Rehe tummeln, rustikale Bauernhäuser und Skihütten, aus deren Fenstern abends warmes Licht strahlt ... Kurzum: an urige Gemütlichkeit, Kaminfeuer und eine ursprüngliche, unberührte Natur.

Mit den vielen schönen Ideen in diesem Buch können Sie sich diese Stimmung einfach und ohne viel Aufwand nach Hause holen, egal ob Sie fernab den Bergen oder in der Stadt leben. Aus Holz, Naturmaterialien, Filz, Stoff und mehr entstehen typische, ländliche und heimelige Dekorationen, die Ihrem Zuhause einen winterlichen und weihnachtlichen Zauber wie in den Bergen verleihen.

Unsere Anregungen für kleine Geschenke und Weihnachtsgrüße vergrößern die Freude auf das Nikolausfest und den Heiligen Abend noch zusätzlich! Außerdem finden Sie Vorschläge, wie Sie Ihren Weihnachtsbaum und die Festtafel stilecht und festlich schmücken können! Einige Dekoideen werden Ihnen mit ihrem zeitlosen Charme sogar das ganze Jahr über Freude machen.

Wir wünschen Ihnen eine schöne Winterzeit und frohe Weihnachten!

Schwierigkeitsgrad

◐ einfaches Motiv
◐◐ etwas schwierigeres Motiv
◐◐◐ anspruchsvolles Motiv

Tipps

Sie finden in diesem Buch zahlreiche Tipps und Tricks, damit Ihnen das Basteln noch mehr Spaß macht. Orientieren Sie sich bitte an den folgenden Symbolen:

Bastel-Tipp

Oft sind es nur ein paar kleine Handgriffe, die das Arbeiten leichter machen. Diese Kniffe verraten wir Ihnen bei den Bastel-Tipps.

Variations-Tipp

Das Modell sieht auch in einer anderen Farbe oder mit anderen Materialien toll aus? Bei den Variations-Tipps finden Sie Vorschläge, wie Sie das Modell abändern können.

Anwendungs-Tipp

Sie suchen ein Modell, das z. B. gut als Geschenk geeignet ist, oder Sie überlegen, wie und wofür Sie das Modell hinterher verwenden können? Dann helfen Ihnen die Anwendungs-Tipps weiter.

Einkaufs-Tipp

Wo bekomme ich was? Die Einkaufs-Tipps verraten, wo Sie am besten bestimmte Materialien einkaufen, damit Sie nicht stundenlang in verschiedenen Geschäften danach suchen müssen.

Spar-Tipp

Damit Sie noch genügend Geld für die anderen schönen Dinge des Lebens übrig behalten, zeigen wir Ihnen bei den Spar-Tipps Tricks und Möglichkeiten auf, die den Geldbeutel lachen lassen.

ALLGEMEINE HILFSMITTEL UND WERKZEUGE

Folgende Hilfsmittel und Werkzeuge werden für die meisten der in diesem Buch gezeigten Modelle verwendet. Sie sind in den speziellen Materiallisten zu den einzelnen Modellen nicht mehr aufgeführt:

- Schneiderkopierpapier oder Transparentpapier und Pappe (für Schablonen)
- Schere, Nagelschere, Cutter mit geeigneter Schneideunterlage
- Bleistift, Anspitzer und Radiergummi
- UHU Alleskleber kraft, Holzleim, Heißkleber, Sekundenkleber
- Klebefilm
- Laubsäge, Dekupier- oder Stichsäge
- Akkuschrauber mit Holzbohrern und Schraubendrehern
- Schmirgelpapier in 120er und 240er Körnung
- Hammer
- Bastel- oder Kneifzange
- feine und grobe Holzfeile
- dünne, wasserfeste Filzstifte in Rot und Schwarz
- Permanentmarker in Schwarz
- Lackmalstift in Weiß
- Buntstift in Rot
- Schaschlikstäbchen, Wattestäbchen, Zahnstocher
- Borsten- und Haarpinsel in verschiedenen Stärken (falls spezielle Stärken benötigt werden, sind diese in den einzelnen Materiallisten angegeben!)
- Nähnadeln in verschiedenen Stärken
- Küchenpapier oder alter, fusselfreier Lappen
- Schraubzwingen

HINWEIS

▶ Mit „Rest" ist immer ein Stück gemeint, das maximal A5 groß ist.
▶ Die Heißklebepistole gehört nicht in Kinderhände, da Verbrennungsgefahr besteht!
▶ Lassen Sie Kerzen niemals unbeaufsichtigt brennen! Achten Sie auch darauf, dass sämtliche Kerzen genügend Abstand zu brennbaren Materialien wie z. B. Tannenzweige haben.

So geht es

Vorlagen übertragen

Viele Vorlagen sind verkleinert abgebildet. Diese können Sie im Copyshop auf den angegebenen Prozentwert vergrößern lassen. Die Vorlagen in Originalgröße ohne Überschneidungen nebeneinander auf Transparentpapier abpausen, auf Pappe kleben und ausschneiden. Die entstandenen Schablonen auf Holz, Stoff, Filz oder Papier legen und mit dem Bleistift (bei Stoff und Filz Phantomstift) umreißen, oder die kopierte Vorlage direkt auf Schneiderkopierpapier auf das Werkstück legen und mit dem Bleistift die Konturen nachfahren.

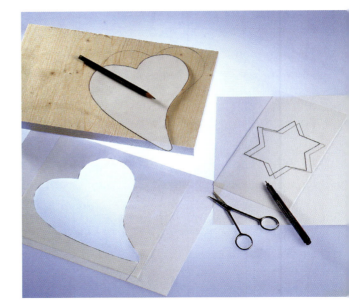

Bastel-Tipp

Wenn Sie die Vorlage kopiert haben, können Sie diese direkt ausschneiden und als Schablone benutzen.
Hilfreich ist es hierbei, die Muster auf dickeres Papier zu kopieren.

Holz

Die Motive mit der Laubsäge oder Dekupiersäge aussägen. Bis 8 mm Holzstärke ist es gut möglich, mit der Laubsäge zu arbeiten. Einfacher und schneller und bei dickeren Holzplatten unbedingt nötig ist jedoch die Arbeit mit der elektrischen Laubsäge, der so genannten Dekupiersäge.

Nach dem Sägen das Motiv oder die Motivteile, vor allem an den Kanten, mit Schmirgelpapier glätten. Jetzt die Bohrungen anbringen, dabei ein Stück Abfallholz unterlegen, in das der Bohrer hineinlaufen kann. So wird verhindert, dass die Bohrung ausreißt.

Einige Motive im Buch sind mit Scheibchen aus dünnen Ästen geschmückt. Diese können auch selbst zugesägt werden. Dazu mit der Laub- oder Dekupiersäge Astscheiben in der gewünschten Stärke sägen und einige Tage trocknen lassen.

Bastel-Tipp

Verwenden Sie zum Sägen nur feine Sägeblätter. So splittert das Holz kaum.

Bastel-Tipp

Das Sägen und Schleifen von Birkenholzscheiben übernimmt am besten Ihr Schreiner!

Holzmotive bemalen

Die Acrylfarbe je nach Konsistenz und gewünschter Wirkung direkt oder mit Wasser verdünnt auftragen. Für einen besonders transparenten Farbauftrag die Farbe sehr stark mit Wasser verdünnen (Verhältnis 1 : 10) und in Richtung der Holzmaserung auftragen. Mit verdünnter Farbe nicht ganz bis an die vorgezeichneten Linien malen, denn die Holzfaser lässt sie noch etwas fließen. Für einige Motive müssen die Farben gemischt werden. Hellere Töne ergeben sich durch das Mischen mit Weiß, dunklere durch Hinzumischen von Schwarz. Das genaue Vorgehen ist jedoch in der jeweiligen Anleitung beschrieben.

Gesichter werden mit einem dünnen Pinsel oder Lackmalstiften und dünnen Filzstiften gestaltet. Zum Auftupfen von Punkten eignet sich ein Holzstäbchen gut. Diese gibt es in verschiedenen Durchmessern zu kaufen. Wattestäbchen eignen sich dafür ebenfalls sehr gut.

Sehr dekorativ sehen aufgemalte Muster in Stick-Optik aus. Dafür frei Hand oder nach Stickvorlagen aus Büchern und Zeitschriften passende Muster mit einfachen Stichen oder im Kreuzstich aufmalen. Hierfür am besten einen dünnen, wasserfesten Filzstift oder sehr feinen Haarpinsel verwenden.

Bastel-Tipp

Der alpenländische Stil wird perfekt, wenn Sie die Motivteile aus Holz nach dem Bemalen vor allem an den Kanten mit Schmirgelpapier bearbeiten, sodass das Holz stellenweise durchschimmert.

Motivteile zusammenfügen

KLEBEN UND LEIMEN

Die meisten Holzteile werden mit Holzleim verbunden. Besonders empfehlenswert für schnelles Arbeiten ist so genannter Expressleim, der eine wesentlich kürzere Abbindezeit hat als herkömmlicher Holzleim.

Um Teile während der Trocknungszeit zusammenzupressen, empfiehlt es sich, sie zwischen Schraubzwingen zu befestigen. Hierzu die Schraubzwingen nie direkt an dem Motiv befestigen, sondern alte Holzstücke oder Pappe zwischen Schraubzwinge und Motiv legen.

Unterschiedliche Materialien fügt man am besten mit Alleskleber, Kraftkleber oder Heißkleber zusammen.

SCHRAUBEN

Durch Schrauben kann, anders als beim Leimen, Kleben oder Nageln, eine sichere, aber flexible Verbindung hergestellt werden. Schrauben sitzen mit ihrem Gewinde fester im Holz als Nägel, lassen sich bei Bedarf aber einfach wieder herausdrehen. Am einfachsten lassen sich Spanplattenschrauben mit Kreuzschlitz, auch Spax-Schrauben genannt, ins Holz drehen. Für diese Schrauben muss nicht unbedingt ein Loch vorgebohrt werden. Wie der Nagel sollte die Schraube zu einem Drittel im oberen Holzstück und zu zwei Drittel im unteren sitzen. Zum Eindrehen kann ein Akku-Bohrschrauber oder ein Schraubendreher verwendet werden.

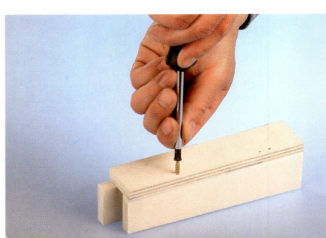

NAGELN

Stumpf aufeinander stoßende Holzteile werden am einfachsten zusammengenagelt. Die Länge des Nagels richtet sich nach der Stärke der beiden Holzteile. Er sollte so lang sein, dass sich ein Drittel im oberen und zwei Drittel im unteren Holzstück befinden. Werden Nägel mit einem größeren Durchmesser verwendet, empfiehlt es sich, ein Loch vorzubohren, sonst kann der Nagel das Holz sprengen. Für Nagelverbindungen, die nach dem Bearbeiten nicht mehr sichtbar sind, werden Senkkopf- oder Stauchkopfnägel verwendet. Für sichtbare Verbindungen können Senkkopf-, Flachkopf- oder Rundkopfnägel verarbeitet werden.

Floristische Arbeiten

KRÄNZE BINDEN

Hierfür benötigen Sie folgende Materialien und Werkzeuge:

- Stroh- oder Drahtkranz
- Binde- oder Blumendraht
- verschiedene Zweige (z. B. Thuja, Eibe, Tanne usw.)
- Baumschere
- Seitenschneider

Die Zweige in ca. 10 cm lange Stücke schneiden. Ein kleines Bündel nehmen, auf den benötigten Kranz legen und mit Bindedraht festwickeln. Dabei darauf achten, dass der Kranz seitlich nicht mehr zu sehen ist. Den Binde- oder Blumendaht immer fest anziehen, damit die Zweige nicht verrutschen können.

Wenn der Kranz fertig gebunden ist, den Draht abschneiden und ihn auf der Unterseite verzwirbeln.

ARBEITEN MIT BLUMENSTECKFORMEN UND STECKMASSE

Für einige der in diesem Buch gezeigten floristischen Arbeiten wird zum Frischhalten und Befestigen von Grünzeug Steckmaterial verwendet. Als Steckformen werden einfache Steckziegel verwendet, die mit einem Cutter oder scharfen Küchenmesser nach Belieben zurecht geschnitten werden.

Steckmasse lässt sich trocken und nass beliebig formen. Die Steckmasse unbedingt regelmäßig wässern, so bleibt das befestigte Grün lange frisch. Steckformen bzw. Steckmasse je nach Art des Untergrunds, auf der sie später angebracht werden soll, zurechtformen bzw. -schneiden und mit Heißkleber aufsetzen. Bei Gestecken kann auch ein spezieller Halter für Steckmaterial verwendet werden. Diesen auf den benötigten Untergrund, z. B. einer Birkenholzscheibe, fixieren und die Steckmasse bzw. Steckform aufstecken (siehe Abb. Seite 45).

Schleifen binden

Die Bandenden gerade vor sich hinlegen. Dann beide Enden zur Mitte hin übereinander legen, sodass es wie eine Brezel aussieht. Draht oder ein dünnes Band über den Kreuzungspunkt legen und hinten verdrillen bzw. verknoten.

Drähte locken

Den Draht um ein Rundholz, einen Pinselstiel oder Bleistift wickeln und diesen wieder herausziehen. Die so entstandenen „Locken" etwas zurechtziehen.

DEKORATIONEN FÜR DRAUSSEN

Wenn die ersten Schneeflocken am Himmel tanzen wird es Zeit, sich draußen auf den Winter einzustimmen. Ein Türkranz und freundliche Winterkinder heißen Gäste willkommen und ein Vogelhäuschen wird zum Treffpunkt für die kleinen Piepmätze.

DEKORATIONEN FÜR DRAUSSEN

Herzlich Willkommen!
→ mit Herz hereinspaziert

Türkranz

1 Falls kein fertiges Drahtherz vorhanden, den Aludraht mit einer Bastelzange oder von Hand gemäß Vorlage zu einem Herz biegen. Die beiden Drahtenden miteinander verdrehen.

2 Die Thujazweige (ca. 10 cm lang) gleichmäßig verteilt mit Blumendraht am Drahtherz befestigen. Lücken oder lichte Stellen mit einzelnen Zweigen auffüllen. Kleine Berberitzenzweige, Islandmoos und Erlenzapfen mit Heißkleber befestigen oder in den Blumendraht einstecken.

3 Das karierte Band als Aufhängung anbinden und zu einer Schlaufe verknoten. Die Aufhängung direkt am Herz mit einigen Zweigen kaschieren.

4 Das kleine Herz gemäß Vorlage aus Sperrholz aussägen, rot bemalen und nach dem Trocknen vorsichtig an den Kanten abschmirgeln (240er Schleifpapier). Das Loch für die Aufhängung bohren und den Papierdraht hindurchziehen. Etwas roten Nähfaden durch die Knopflöcher fädeln und den Holzknopf über die Bohrung kleben. Das Herz mit dem Papierdraht wie abgebildet am Kranz festknoten. Den Knoten ggf. mit einigen Zweigen überdecken.

Herz-Anhänger

1 Das Herz wie beim Türkranz in Schritt 4 beschrieben arbeiten, jedoch mit einer längeren Paketschnur als Aufhängung.

2 Die Schnur nach ca. 4 cm einmal verknoten, eine rote Holzperle auffädeln, dann ein durchbohrtes Aststückchen. Anschließend die weiße Holzperle, das zweite Aststückchen und nochmals eine rote Holzperle auffädeln. Die Schnurenden zu einer Aufhängeschlaufe verknoten.

MOTIVHÖHE
Türkranz ca. 40 cm
Herz-Anhänger ca. 9 cm
(jeweils ohne Aufhängung)

MATERIAL
TÜRKRANZ
- Aludraht oder geglühter Draht, ø 2 mm, 1 m lang oder wahlweise Drahtherz, ca. 30 cm hoch
- Thujazweige
- Berberitzen-Zweige
- Islandmoos
- Erlenzapfen
- Blumendraht in Grün, ø 0,50 mm
- Deko-Band in Grün-Weiß kariert, 1 cm breit, 1 m lang (Aufhängung)
- Sperrholz, 6 mm stark, 15 cm x 15 cm
- Acrylfarbe in Rot
- Hornknopf in Natur, ø 1,8 cm
- Nähfaden in Rot
- Papierdraht in Natur, ø 1 mm, 20 cm lang
- Bohrer, ø 2 mm

HERZ-ANHÄNGER
- Sperrholz, 6 mm stark, 15 cm x 15 cm
- Acrylfarbe in Rot
- Hornknopf in Natur, ø 1,8 cm
- Nähfaden in Rot
- Paketschnur, ø 1 mm, 60 cm lang
- 3 Holzperlen, ø 8 mm, 1 x in Natur und 2 x in Rot
- 2 Aststückchen, ø ca. 5 mm, ca. 4 cm lang
- Bohrer, ø 2 mm

VORLAGE SEITE 68

Anwendungs-Tipp

Dieser zauberhafte Herz-Anhänger zeigt nicht nur, dass die Bewohner hinter dieser Tür ihre Gäste herzlich willkommen heißen. Mit einer längeren Kordel, mehreren Perlen und Aststückchen oder auch Gewürzen und Grünzeug dekoriert können Sie das Herz auch ins Fenster hängen. Das Herz allein, an einem stabilen Holzstab befestigt, sieht als Blumenstecker im Pflanzeimer oder Balkonkasten ebenfalls sehr hübsch aus.

Vogelhaus
→ für hungrige Piepmätze

MOTIVHÖHE
ca. 24 cm

MATERIAL
- Pappelsperrholz, 1 cm stark, 50 cm x 27 cm (Seitenteile), 19 cm x 22,5 cm (Boden) und 37 cm x 32,5 cm (Dach)
- Vierkantholz für den Rand, 2 x 21 cm x 0,5 cm x 1,5 cm (Seiten) und 2 x 4 cm x 0,5 cm x 1,5 cm (vorne)
- Holzstück, 2 cm x 3 cm x 7 cm (Stütze für den Haken zum Aufhängen)
- Acrylfarbe in Nussbraun, Elfenbein, Braunbeige und Rot
- Teerpappe, 40 cm x 50 cm
- 2 Ringschrauben, 2,8 mm x 1,6 cm x 6 mm
- verzinkte Spezialnägel mit Rillen, ø 1,5 mm, 2,5 cm lang
- gebläute Tapezierstifte, 1,4 mm x 1 cm
- 20 Holzherzen in Natur, 2,5 cm hoch
- Mühlenbeckia
- 2 Astscheibchen, ø 2 cm
- dicke Schnur, z. B. Rupfenkordel (Aufhängung)
- Bindedraht in Schwarz, ø 0,35 mm
- Bohrer, ø 2 mm

VORLAGE SEITE 70/71

1 Aus dem Sperrholz die Seitenteile mit „Fenster", die Bodenplatte sowie die zwei Dachplatten aussägen. Aus den Vierkanthölzern einen Rand um die Bodenplatte bauen und diese gemäß Vorlage mit Nägeln befestigen. Dabei die hintere Seite zum Reinigen des Häuschens frei lassen.

2 Die Seitenteile mit Holzleim und Nägeln anbringen. Für das Dach die ganze Längsseite der überstehenden Kante von Dachplatte 1 wegfeilen (siehe Vorlagenskizze 1). Danach die Dachplatte 2 bündig auflegen und auch hier die überstehende Längsseite wegfeilen (Skizze 2). Mit Holzleim und Nägeln befestigen. Das Holzstück zur Verstärkung des Daches mit Leim anbringen (siehe Abb. Seite 6).

3 Das Häuschen mit einer Mischung aus Elfenbein und Braunbeige anmalen, nach dem Trocknen die Kanten mit Nussbraun und sehr wenig Rot betonen. Dafür nur sehr wenig Farbe aufnehmen und den Pinsel so lange auf einem Stück Papier abstreifen, bis fast keine Farbspuren mehr sichtbar sind. Erst dann malen. Die rot bemalten Streuherzen mit etwas Braun betonen und mit Heißkleber befestigen.

4 Mühlenbeckia zu einem Kränzchen binden, an einer Stelle mit Draht umwickeln. Diesen durch die Bohrung des Seitenteils stecken und dahinter verdrehen. Die mittig durchbohrten Astscheibchen mit Draht befestigen.

5 Die Teerpappe mit den Tapezierstiften auf den Dachplatten befestigen. Die beiden Ringschrauben für die Aufhängung und die Befestigung des Meisenknödels eindrehen.

Herzstecker
→ mit filigranen Ornamenten

MOTIVHÖHE
ca. 33 cm

MATERIAL
- Sperrholz, 1 cm stark, 30 cm x 45 cm
- Acrylfarbe in Rot und Schwarz
- Birkenast, ca. 1 m lang
- Efeuranke
- Steckmasse
- 3 Nägel, ø 1,5 mm, 2 cm lang
- Sprühlack in Transparent

VORLAGE SEITE 69

1 Das Herz gemäß Vorlage aussägen, rot bemalen und die Ränder stellenweise mit etwas Schwarz betonen. Die Muster abpausen und mit Permanentmarker und Lackmalstift nachziehen.

2 Trocknen lassen und das mit Sprühlack überzogene Herz mit den Nägeln am Ast befestigen. Die Steckmasse auf der Rückseite mit Heißkleber anbringen. Die Efeuranke einstecken.

DEKORATIONEN FÜR DRAUSSEN

Türmobile
→ rustikal und ländlich

MOTIVHÖHE
ca. 66 cm (ohne Drahtaufhängung)

MATERIAL
- Pappelsperrholz, 1 cm stark, 15 cm x 55 cm (Tannen)
- Leimholz, 1,8 cm stark, 9 cm x 20 cm (Schild)
- Acrylfarbe in Moosgrün, Braun und Schwarz
- Birkenast, ca. 53 cm lang
- Baumwollstoff in Grün kariert, 13 cm x 80 cm
- Bügelvlies, 13 cm x 80 cm
- dünner Wollfaden in Dunkelgrün
- 3 Holzknöpfe in Natur, ø 1,8 cm
- Kiefernzapfenzweig
- Kiefernzapfen
- Mühlenbeckia
- Eichenmoos
- Astscheibchen
- Birkenrinde
- Beerenzweige in Rot
- Bindedraht in Schwarz, ø 0,35 mm und 0,65 mm
- Bügeleisen
- Bohrer, ø 1 mm

VORLAGE SEITE 67

1 Den Karo-Stoff nach 40 cm Länge teilen. Das Bügelvlies zwischen die zwei Stofflagen einbügeln und die Sterne mithilfe einer Schablone ausschneiden. Jeweils zwei Lagen mit dem Wollfaden im Schlingstich (siehe Vorlagenskizze und Bastel-Tipp) zusammennähen. Die Knöpfe mit dem Wollfaden aufnähen.

2 Die Tannen aus Sperrholz aussägen und grün anmalen. Den Leimholzrest mit verdünnter brauner Farbe anmalen. Nach dem Trocknen die Kanten stellenweise anschleifen (120er Körnung) und mit etwas Schwarz betonen. Das Schild beschriften und die drei Bohrungen für die Drahtaufhängung anbringen.

3 Die Astscheibchen durchbohren und ca. 4 cm lange, dünne Drahtstücke hindurchfädeln. Für die zwei langen Girlanden ebenfalls von dem dünneren Draht ca. 1,5 m lange Stücke schneiden. Abwechselnd Moos, Beerenzweige, Zapfen, Holztannen, Birkenrinde und Astscheibchen wie abgebildet daran befestigen. Etwas Draht durch eine Spitze der Stoffsterne stechen und diese damit andrahten. Die einzelnen Büschel des Kiefernzapfenzweiges mit einer Zange abzwicken und mit etwas Bindedraht wie abgebildet an den Girlanden befestigen. Für die zwei mittleren, kürzeren Girlanden jeweils ca. 1 m Draht verwenden und das Deko-Material daran anbringen.

4 Für die Aufhängung den stärkeren Bindedraht in der gewünschten Länge zuschneiden. Je eine lange Girlande rechts und links am Birkenast andrahten. Mittig die kurze Girlande mit einer Holztanne anknoten. Das Willkommensschild mit zwei Aufhängedrähten um den Birkenast binden. An den beiden Aufhängedrähten einige Mühlenbeckia-Bündel sowie ein paar Astscheibchen befestigen. Die andere kurze Girlande mit dem Stoffstern an der Unterkante des Schildes andrahten.

5 Den Birkenast stellenweise, besonders um die Drahtaufhängung herum, mit Moos und Mühlenbeckia dekorieren, das Willkommen-Schild ebenfalls mit etwas Moos bekleben.

Bastel-Tipp

Der Schlingstich ist sehr dekorativ und einfach zu arbeiten: Von links nach rechts arbeiten. An der Unterkante der Stichreihe ausstechen. An der Oberkante etwas nach rechts versetzt ein- und senkrecht darunter ausstechen. Den Faden unter die Nadelspitze legen, die Nadel durchziehen. Für die nächste Schlinge wieder schräg nach rechts oben einstechen.

DEKORATIONEN FÜR DRAUSSEN

Winterkinder
→ komm, wir gehen Schlittenfahren!

MOTIVHÖHE
ca. 54 cm

MATERIAL
- Pappelsperrholz, 1 cm stark, 40 cm x 24 cm
- Leimholz, 1,8 cm stark, 3 x 40 cm x 60 cm
- Acrylfarbe in Weiß, Rot, Dunkelgrün und Schwarz
- dicke Jutekordel oder Paketschnur (Haare und Ziehleine für Schlitten)
- dünne Paketschnur (Schnürsenkel)
- Wolle in Grün, Rot und Weiß
- Bastelfilz in Weiß und Hellgrün, je 2 x A4
- Formfilzreste in Dunkelgrün und Rot
- je 1 Knopf in Gelb und Orange, ø 1,7 cm
- 2 Holzschlitten in Braun je 25 cm x 10,5 cm x 4,5 cm
- dünner Karton, 20 cm x 10 cm
- 4 Schrauben mit Senkkopf, 3,5 mm x 45 mm
- lackierter Draht in Schwarz, ø 0,35 mm
- Sprühlack in Transparent
- Bohrer, ø 3,5 mm
- ggf. Nähmaschine

VORLAGE SEITE 73/74

1 Aus dem stärkeren Leimholz die Körper der Kinder, Bodenplatte und Schuhe aussägen. Arme samt Hände, Mantelsaum sowie Stiefelränder aus Sperrholz aussägen. Alles wie abgebildet bemalen. Die Kleider mit Streifen und Tupfen verzieren, einzelne Ränder und Stellen mit Schwarz betonen. Die Gesichter aufmalen, Bäckchen und Nasen mit abgeschabten Buntstiftspänen röten: Diese mit dem Finger ganz vorsichtig auf dem Holz verreiben, bis der gewünschte Effekt entsteht.

2 Die Bodenplatte weiß anmalen, vorbohren und die Figuren von der Unterseite anschrauben. Alle Figurenteile, die Bodenplatte und die Schlitten mit Sprühlack überziehen. Aus dem roten und dunkelgrünen Formfilz Handschuhe ausschneiden und auf die Hände kleben. Den Schlitten des Jungen am Körper ankleben. Nun die Arme und restlichen Teile mit Heißkleber befestigen. Aus der dünnen Schnur einfache Schleifchen binden und wie abgebildet aufkleben.

3 Für die Mützenbommeln laut Vorlage aus dünnem Karton je zwei gleich große Ringschablonen zuschneiden und aufeinander legen. Ein Stück Wolle in beliebiger Farbe um den Ring wickeln, dabei die Endstücke lang genug lassen um diese nachher abbinden zu können. Nun vorsichtig in der Mitte beginnend die Schablone mit verschiedenen Farben umwickeln, bis sich die mittlere Öffnung geschlossen hat. Die beiden freien Endstücke vorsichtig zusammenziehen und die Wollfäden entlang der äußeren Kanten zwischen den Kartonscheiben durchschneiden. Die Scheiben leicht auseinander ziehen, das Fadenbündel mit den überstehenden Fadenenden sehr fest umwickeln und gut verknoten. Die Pappscheiben entfernen und den Pompon gleichmäßig rund schneiden.

4 Die Bastelfilzbogen mittig zusammenlegen, die Mützen mithilfe einer Schablone darauf übertragen und ausschneiden. Die Mützen an der langen Kante von Hand oder mit der Nähmaschine (Stichlänge: 3) zusammennähen. Zuletzt die Bommeln annähen. Die Filzmütze des Mädchens mit einem grünen Filzquadrat (2,8 cm x 2,8 cm) und dem orangefarbenen Knopf schmücken.

5 Für die Zöpfe des Mädchens aus der Jutekordel oder Paketschnur drei 70 cm lange Stücke schneiden und in der Mitte mit Draht abbinden. Beide Seiten auseinander zupfen, damit die Schnur mehr Fülle bekommt und zwei Zöpfe flechten. Die Zopfenden mit Draht abbinden und die überstehenden Schnurreste zurechtzupfen. Haare und Mütze mit Heißkleber befestigen. Ggf. einige „Wurffalten" der Mütze mit Heißkleber fixieren, damit sie besser sitzt.

6 Für die Haare des Jungen pro Seite zwei 18 cm lange Schnüre zuschneiden, mittig umknicken und aufkleben. Die Schnüre auseinander zupfen und drapieren. Die Mütze wie abgebildet aufsetzen und ankleben.

7 Den zweiten Schlitten mit etwas Heißkleber befestigen. Ein Stück Jutekordel oder Paketschnur am Schlitten festbinden, locker weiterlaufen lassen und das andere Ende hinter der Hand des Mädchens festkleben.

8 Für die Schals je zwei Filzstreifen (jeweils 6 cm x 23 cm) an der kurzen Kante zusammennähen, einige Fransen ca. 2,5 cm tief einschneiden und den Figuren umbinden.

DEKORATIONEN FÜR DRAUSSEN

Rebenkugeln
→ sehr dekorativ

MOTIVHÖHE
Kugel mit Tannengirlande ca. 1,45 m
Kugel mit Holzherzen ca. 1,25 m

MATERIAL
- 2 Rebenkugeln, ø 40 cm
- Sperrholz, 1 cm stark, 16 cm x 40 cm (Herzen)
- Acrylfarbe in Rot und Elfenbein
- 2 Birkenäste, 1,40 m und 1,20 m lang
- Sternanis, Walnüsse, Mandeln, Haselnüsse, Zimtstangen, verschiedene Beerenzweige
- Birkenrinde
- Astscheibchen
- Tannenzweige
- Efeuranken
- Eichenmoos
- Steckmasse
- Bindedraht, ø 0,35 mm und ø 0,65 mm
- Bohrer, ø 1 mm

VORLAGE SEITE 73

1 Für den kürzeren Stecker die zwei Herzen laut Vorlage aussägen, die Bohrung für die Aufhängung anbringen und rot anmalen. Die Deko-Motive übertragen und mit schwarzem Permanentmarker und Acrylfarbe in Elfenbein nachmalen.

2 Ein ca. 30 cm bis 40 cm langes, dünnes Drahtstück an jedem Holzherz andrahten. Nüsse, Astscheibchen und Zimtstangen durchbohren und auf den Draht fädeln. Dabei einige Beerenzweige und Sternanis dazwischen binden. Etwas Eichenmoos aufkleben. Die beiden so verzierten Girlanden fest an der Rebenkugel andrahten.

3 Eine Efeuranke mit Draht am Stecker befestigen. Etwas Steckmasse zurechtformen, mit Heißkleber an der Rebenkugel anbringen und mit Eichenmoos überkleben. Das andere Ende der Efeuranke gut in die Steckmasse eindrücken.

4 Für den großen Stecker je zwei 1,50 m lange Girlanden (ohne Holzherzen, nur aus Nüssen, Beeren, Astscheibchen, Zimtstangen usw. bestehend) arbeiten, um die Kugel legen und an einigen Stellen mit Heißkleber befestigen. Die Kugel zusätzlich mit Efeuranken, Eichenmoos und Birkenrinde verzieren. Dabei die Efeuranken in ein Stück aufgeklebte Steckmasse hineindrücken, die mit Eichenmoos überdeckt wird.

5 Einige Tannenzweige, Beeren und etwas Eichenmoos an einem dickeren, ca. 1 m langen Drahtstück befestigen und dieses im unteren Bereich der Rebenkugel andrahten. Etwas Eichenmoos darüberkleben.

Bastel-Tipp

Um die passende Länge der Girlanden zu bestimmen, diese immer wieder beim Auffädeln probeweise um die Kugeln legen. Die Länge ist abhängig davon, ob man die Kugeln ein- oder zweimal umwickelt und ob diese mittig oder nur seitlich befestigt werden.
Die Steckmasse regelmäßig wässern, so bleibt das Grün lange frisch!

DEKORATIONEN FÜR DRAUSSEN

DEKORATIONEN FÜR DRINNEN

Draußen ist es klirrend kalt, drinnen erhellt warmes Kerzenlicht die Stube und es duftet nach heißem Früchtetee. In diesem Kapitel finden Sie stimmungsvolle Dekorationen für Tisch, Fenster, Wand und Tür! Sogar eine echte alpenländische Krippe ist dabei!

DEKORATIONEN FÜR DRINNEN

Kiefernzapfenleuchter
→ zeitlos schön

1 Einen Teil des karierten Bandes gemäß Abbildung um den Alubecher kleben. Eine einfache Schleife aus demselben Band herstellen (siehe hierzu Anleitung „Schleifen binden" auf Seite 7) und aufkleben. Dabei ca. 40 cm Band für die Kranz-Aufhängung übrig lassen.

2 Aus dem roten Satinband eine einfache Schleife knoten und auf die karierte Schleife kleben. Das Sternchen mit Kraftkleber befestigen.

3 Den Alubecher mit Kraftkleber auf die Unterseite des Kiefernzapfens kleben. Dabei fest und lange andrücken. Die Kerze mit einigen Wachstropfen im Alubecher befestigen.

4 Ein ca. 40 cm langes Drahtstück etwas unterhalb der Mitte um den Zapfen schlingen und die beiden gleichlangen Enden so lange miteinander verdrehen, bis der Draht fest am Zapfen sitzt und ein ca. 3 cm bis 4 cm langer Steg entstanden ist.

5 Die Drahtenden nach dem Steg gemäß Vorlagenskizze rechts und links fest über Kreuz um den Metallring wickeln. Achtung! Der Abstand zwischen Kerzendocht und Kranzring bzw. Wand muss aus Sicherheitsgründen mindestens 7 cm betragen!

6 Die Tannenzweige in ca. 15 cm bis 20 cm lange, schön geformte Stücke schneiden und mit Bindedraht gleichmäßig über den kompletten Drahtkranz verteilt befestigen. Am Schluss eventuelle Unregelmäßigkeiten und Lücken korrigieren, indem zusätzlich einzelne Zweige unter den herumgewickelten Draht gesteckt werden.

7 Für die Aufhängung den Rest des Karobandes (ca. 40 cm) um den Kranz schlingen und am anderen Ende zu einer Aufhängeschlaufe verknoten.

MOTIVHÖHE
ca. 25 cm

MATERIAL
◆ Kiefernzapfen, ca. 6 cm hoch
◆ Metallring für Kranz, 4 mm breit, ø 20 cm
◆ Deko-Band in Rot-Weiß kariert, 2 cm breit, 1 m lang
◆ Satinband in Rot, 4 mm breit, 50 cm lang
◆ Tannenzweige
◆ Bindedraht in Grün, ø 1,2 mm, 40 cm lang
◆ Alubecher von einem Teelicht
◆ Stumpenkerze in Dunkelrot, ø ca. 4 cm, 5 cm hoch
◆ wattierter Stoffstern in Gold, ø 4 cm

VORLAGE SEITE 64

Bastel-Tipp

Verwenden Sie Kerzen mit Zimt- oder Tannennadelduft. Das verstärkt die Weihnachtsstimmung.

Trachtenengel
→ im traditionellen Gewand

MOTIVHÖHE
ca. 30 cm

MATERIAL
- Sperrholz, 1 cm stark, 30 cm x 30 cm
- Birkenholzscheibe, ca. 3 cm stark, ø 15 cm
- 2 Nägel, ø 1,5 mm, 4 cm lang
- matte Acrylfarbe in Weiß, Mittelgelb, Ockergelb, Metallic-Gold, Hautfarbe, Karminrot und Schwarz
- Aquarellpinsel Nr. 0, 1 und 6
- 2 Kerzen in Gold, ø 1 cm, ca. 7 cm hoch
- Buchsgirlande, 2 x ca. 6 cm lang
- Antikwachs in Farblos

VORLAGE SEITE 77

1 Das Motiv (ohne Gesicht, Halsband, Edelweiß, Schürzen- und Kleidermuster) sowie die beiden Scheiben für die Kerzenhalter auf Sperrholz übertragen, aussägen und abschmirgeln (240er Körnung). Zusätzlich eine ca. 1 cm x 1 cm x 10 cm große Leiste aussägen und diese in Rot mit weißen Tupfen bemalen (dem Rock des Engels entsprechend).

2 Den Engel wie abgebildet bemalen: Erst die Flügel in Gold, dann Gesicht, Hals und Arme in Hautfarbe. Die Haare in Gelb, das Dirndl-Oberteil in Dunkelrot (aus Rot und Schwarz zu etwa gleichen Teilen gemischt), den Rock in Rot sowie Ärmel, Kragen und Schürze in Weiß. Gut trocknen lassen, wenn nötig, mehrere Schichten aufmalen.

3 Nun Gesicht, Halsband, Edelweiß sowie die Schürzen- und Ärmeldetails auf die trockene Figur übertragen und farbig gestalten. Die Augen in Schwarz, Mund, Wangen und Kinn in Rosa (Weiß mit einer Pinselspitze Rot vermischt) aufbringen.

4 Mit dem ganz feinen Pinsel in Dunkelrot den Mund umranden und die Nasenlöcher und Augenlider aufsetzen. Mit Weiß punktförmige Lichtreflexe in die Augen setzen. Die Frisur in Ocker umranden sowie die Augenbrauen aufzeichnen.

5 Das Halsband in Gold aufmalen und einen roten Punkt in die Mitte setzen. Das Edelweiß in Weiß ausmalen, die Blattspitzen hellgrau (Weiß mit Schwarz vermischt) schattieren, gelbe Staubgefäße aufsetzen und diese mit verdünntem Schwarz umranden.

6 Die Details der Ärmel mit Ocker gestalten und mit einem roten „Band" versehen. Das Muster der Schürze in Rot, Gold und Dunkelrot aufmalen. Mit Weiß das Muster des Kleides auftupfen. Gesicht, Hals, Halsband und die Armbereiche an den Flügeln mit dem ganz feinen Pinsel in Dunkelrot umranden.

7 Die gestrichelten Konturen auf die Rückseite der Figur übertragen und den Engel dort passend zur Vorderseite gestalten.

8 Die beiden Scheiben für die Kerzenhalter dunkelrot bemalen und trocknen lassen.

9 Alle Holzteile gemäß Herstellerangaben mit Antikwachs bearbeiten. Die Scheiben mit Holzleim auf den Händen fixieren, dann je einen Nagel mittig ca. 2 cm tief einschlagen und den Kopf mit der Zange abzwicken. Den Engel mit Holzleim auf die Birkenholzscheibe kleben. Die bemalte Leiste an die Rückseite des Engels und auf die Birkenholzscheibe leimen. So bekommt er einen sicheren Stand.

10 Die Kerzen auf die Nägel der beiden Scheiben stecken. Aus der Buchsgirlande zwei kleine Kränze fertigen (ø etwas größer als der Kerzendurchmesser) und über die Kerzen stülpen.

Variations-Tipp

Das Dirndl des Engels können Sie auch grün-rot oder weiß-blau gestalten, das sieht ebenfalls recht „zünftig" aus.

DEKORATIONEN FÜR DRINNEN

Winteruhr
→ O du schöne Winterzeit!

MOTIVHÖHE
ca. 20 cm (ohne Gewichte und Pendel)

MATERIAL
- Sperrholz, 6 mm stark, 30 cm x 30 cm
- Acrylfarbe in Weiß, Azurblau, Dunkelgrün, Ocker, Braun, Orange, Gelb und Schwarz
- Aquarellpinsel Nr. 0, 2, 4 und 8, 9 oder 10 (Grundieren)
- Quarzuhrwerk mit Zentralbefestigung und integrierter Aufhängung
- Pendelantrieb (ohne Pendel)
- 2 Metall-Zeiger in Schwarz, ca. 2,4 cm und 3,3 cm lang
- selbstklebendes römisches Zifferblatt (PVC), ø 8,4 cm
- Ahornblatt-Pendel aus Holz in Braun, ca. 16 cm bis 19 cm lang
- Kettenpaar für Gewichtsattrappen mit Haken und Ringen
- 2 Tannenzapfen, ca. 10 cm lang oder Gewichtsattrappen in der gleichen Größe
- 2 Schrauben, ø 2 mm, 2 cm lang
- Blumendraht in Schwarz (Befestigung der Zapfen)
- Antikwachs in Farblos
- Bohrer (je nach Abmessung der techn. Uhrenteile)

VORLAGE SEITE 76

1 Die Kreisscheibe samt überstehenden Tannenzweigen, -spitzen und Berggipfeln auf das Sperrholz übertragen, aussägen und abschmirgeln (120er Körnung). Mit weißer Farbe zweimal grundieren. Nach dem Trocknen das Motiv auf das Holzstück übertragen.

2 Den Himmel zweimal in Blau aufmalen, nach dem Trocknen mit gelben Sternen versehen.

3 Die Bäume mit einer Mischung aus Blau und etwas Schwarz umranden, mit weißer Farbe helle Akzente setzen. Mit verdünntem Blau und Dunkelgrün vor allem die rechten Seiten schattieren. Diesen Vorgang gegebenenfalls öfter wiederholen. Den kleinsten Baum komplett in Blaugrün gestalten. Spuren im Schnee, Bergspitzen und die Schattierung unter dem Haus mit verdünntem Blau auftragen.

4 Das Haus in Weiß, mit einer Pinselspitze Ocker vermischt, ausmalen. Die „Holzverkleidung" in Ocker, mit etwas Schwarz vermischt, aufmalen und mit schwarzen Strichen verzieren. Das Dach wie bei den Bäumen beschrieben gestalten.

5 Hase und Reh zweimal in Ocker, den Fuchs in Orange grundieren, mit Braun umranden und schattieren. Geweih, Hirschfell und Fuchsohren in Dunkelbraun (Braun mit etwas Schwarz vermischt) gestalten, den Schwanz des Hasen und die Schwanzspitze des Fuchses weiß anmalen und braun strichen. Die Vögel in Gelb, Orange und Blau gestalten. Schwarze Augen auftupfen.

6 Den grünen Kreis (Acrylfarbe mit Wasser verdünnen!) um das Zifferblatt malen. Das Loch für die Zeiger markieren und vorbohren, das Zifferblatt aufkleben. Die technischen Uhrenteile gemäß Herstellerangaben auf der Rückseite der Holzscheibe montieren.

7 Das Pendel und die Kette in gewünschter Länge befestigen. Die beiden Schrauben vorsichtig in die Zapfen eindrehen und mit Draht umwickeln. Das Drahtende zu einer Schlaufe formen und die Zapfen damit an der Kette einhängen.

Einkaufs-Tipp
Achten Sie beim Kauf von Uhrwerk und Zeiger unbedingt darauf, dass die Zeigerbuchsen passen und die Zeiger aufgesteckt werden können!

DEKORATIONEN FÜR DRINNEN

Verschneites Winterdorf
→ sorgt für eine gemütliche Stimmung

MOTIVHÖHE
ca. 17 cm

MATERIAL
- Pappelsperrholz, 1 cm stark, 18 cm x 36 cm
- Pappelsperrholz, 4 mm stark, 7 cm x 27 cm
- Acrylfarbe in Weiß, Safrangelb, Elfenbein, Moosgrün, Schokobraun und Schwarz

VORLAGE SEITE 78

1 Die Häuserfront aus dem dickeren, die Balkone und Vordächer aus dem dünneren Sperrholz aussägen. Die zwei Seitenstücke aus dem dickeren Holz mit Heißkleber im 90°-Winkel gemäß Vorlage hinter der Kirche und Tanne so ankleben, dass das Panorama stabil steht und plan aufliegt.

2 Alles wie abgebildet bemalen: Für die Häuser aus Safrangelb und Weiß verschiedene Gelbtöne mischen. Für die Tannen Moosgrün mit etwas Weiß vermischen und einige helle sowie schwarze Akzente setzen. Für den Schnee zum Teil unverdünntes Weiß etwas dicker auftragen.

3 Die Balkone in Schokobraun bemalen und mit Elfenbein (bzw. Braun mit viel Weiß gemischt) leichte Akzente auftragen. Um die Fenster und Türen sowie an den Kanten und Farbübergängen ganz feine Schattierungen in Schokobraun auftragen, das lässt die Häuschen etwas „verwittert" aussehen.

4 Mit weißer und brauner Farbe ebenso bei der Kirche verfahren. Für die Kirchturmuhr ein kleines, elfenbeinfarbenes Quadrat aufmalen, trocknen lassen und Zifferblatt und Zeiger mit ganz dünnem schwarzen Filzstift aufzeichnen.

5 Die fertig bemalten Dächer und Balkone mit Heißkleber befestigen.

DEKORATIONEN FÜR DRINNEN

Fatschenkindl und Wiegenkind

→ in Walnussschalen

MOTIVGRÖSSE
je ca. 5 cm lang

MATERIAL
- 2 große, halbierte Walnussschalen
- 2 Rohholzperlen, ø 1,2 cm
- Acrylfarbe in Rosé und Hautfarbe
- Haarpinsel Nr. 1 oder 2
- dünne Stoffreste in Weiß und Rot-Blau kariert
- Borte in Rot-Gold, 1 cm breit, 15 cm lang
- Kordel in Rot-Gold, 2 mm breit, 20 cm lang
- Satinband in Rot, 5 mm breit (Aufhängung)
- Elastikfaden in Gold, ø 1 mm, 22 cm lang (Aufhängung)
- Wollreste in Braun und Gelb
- Bastelfilzrest in Rot (kleines Herz)
- Buntstift in Rosé und Braun
- Lackmalstift in Gold
- 2 angespitzte Streichholzhälften
- Watte
- spitze, kleine Schere

1 Für das Fatschenkindl (links im Bild) den weißen Stoffrest auf 6 cm x 8 cm zuschneiden. Mit der Schere mittig ein kleines Loch für den Kopf einstechen. Die Holzperle auf eine Streichholzhälfte stecken und in Hautfarbe bemalen. Nach dem Trocknen mit Buntstiften und Acrylfarbe das Gesicht aufmalen.

2 Ein ca. 3 cm langes Wollstück mitteln und in die Bohrung der Holzperle kleben. Die Wolle fransig zupfen und die Haare „frisieren". Den Kopf samt Streichholz in das Loch des Stoffes stecken, ein walnussgrosses Stück Watte zusammendrücken und als Körper unter den Stoff drapieren. Unter den Kopf ein haselnussgrosses Stück betten. Den Stoff an allen Seiten mit einer Nähnadel in die Walnusshälfte stopfen und mit Klebstoff fixieren.

3 Vom dünnen, rot-goldenen Band 2 x 7 cm zuschneiden, über Kreuz auf den Bauch des Kindchens legen und die Enden in der Schale festkleben. Goldfarbene Punke auftupfen. Die rot-goldene Borte um den Schalenrand kleben, den Elastikfaden wie abgebildet in der Schale festkleben.

4 Das Wiegenkind mit den entsprechenden Materialien wie in Schritt 1 bis 2 beschrieben arbeiten. Aus dem karierten Stoff ein 5 cm x 5 cm (Kopfkissen) und 6 cm x 6 cm (Zudecke) großes Stück zuschneiden, etwas Watte in die Mitte legen, zum Kissen (2 cm x 2 cm) und zur Decke (3 cm x 3 cm) falten und mit Klebstoff fixieren. Den Kopf auf das Kissen und die Decke mit dem aufgeklebten roten Filzherz auf das Streichholz kleben. Kissen und Decke an der Nussschale ankleben.

MOTIVHÖHE
ca. 15,5 cm

MATERIAL
- Pappelsperrholz,
  1 cm stark, 40 cm x 45 cm
- Acrylfarbe in Rot und Schwarz
- lackierter Draht in Schwarz,
  ø 0,35 mm (Gewürzgirlande)
- Metallbügel, z. B. von einem kleinen
  Farbeimer, ca. ø 3,5 mm
- Sternanis, Zimtstangen und Nelken
- 9 Astscheiben,
  ø ca. 1 cm bis 1,5 cm
- 10 Nägel, ø 1,2 mm, 1,5 cm lang
  (2 pro Seite und 2 für Boden)
- Bohrer, ø 1 mm und 4 mm

VORLAGE SEITE 79

Gewürzlaterne
→ für duftig-warmes Licht

1 Aus dem Sperrholz die Seitenteile samt Ausschnitte sowie die Bodenplatte sägen, zwei Seitenteile gemäß Vorlage für den Bügel durchbohren (ø 4 mm). Die Laterne mit Holzleim und Nägeln zusammenbauen. Dabei mit den Seitenteilen beginnen und den Boden zum Schluss befestigen.

2 Die Laterne rot anmalen und nach dem Trocknen die Kanten stellenweise mit schwarzer Farbe betonen. Dabei zuvor den Pinsel so lange auf einem Papier abstreifen, bis fast keine Farbspuren mehr sichtbar sind. Erst dann die Farbe auftragen.

3 Die Zimtstangen vorsichtig zerbrechen und durchbohren (ø 1 mm), den Draht hindurchfädeln und abwechselnd Sternanis und einzelne Nelken damit umwickeln. Einige Zimtstangen der Länge nach auffädeln, sie müssen dann nicht gebohrt werden. Die Girlande mit Heißkleber ringsum auf die Laterne kleben.

4 Die Astscheiben mittig durchbohren (ø 4 mm) und auf den Bügel schieben (von innen nach außen immer kleiner werdend, das größte Scheibchen in der Mitte). Diesen in die zwei seitlichen Bohrungen einstecken.

MOTIVHÖHE
ca. 64 cm

MATERIAL
- 5 Filzsterne mit Metallöse in Rot,
  ø 6 cm
- 4 Birkenscheiben, ca. 3 cm x 6,5 cm
- Sternanis, Haselnüsse, dicke Zimtstangen und verschiedene Beeren
- Mühlenbeckia
- Papierdraht in Natur,
  ø 2 mm, ca. 1,5 m lang
- Plusterstift in Weiß
- Tannenzweige,
  ca. 8 cm bis 10 cm lang
- lackierter Draht in Schwarz,
  ø 0, 35 mm und ø 0,65 mm
- Bohrer, ø 1 mm

VORLAGE SEITE 79

Fenstergirlande
→ mit Filzsternen

1 Die Filzsterne gemäß Vorlage mit Plusterstift bemalen und trocknen lassen.

2 Die Zimtstangen in kleine Stücke brechen, diese sowie die Nüsse durchbohren und ca. 3 cm bis 5 cm lange Stücke von dem dünnen Draht hindurchfädeln (siehe Abb.). Der Draht kann auch längs durch die Zimtstangen gefädelt werden. Um Sternanis, Beeren und Zweige etwas Draht wickeln und diese sowie Nüsse und Zimtstangenstücke an der Papierkordel andrahten. Die Kordel mithilfe eines Bleistiftes stellenweise locken.

3 Von dem dickeren Draht ein ca. 1,30 m langes Stück abschneiden und abwechselnd Filzsterne sowie Birkenscheiben auffädeln. Den Draht an einigen Stellen locken. Zusätzlich einige Sternanis, Beeren und Tannenzweige andrahten.

4 Das Mühlenbeckiabündel an der Drahtgirlande andrahten und diese etwa in der Mitte der Papierkordel befestigen. Die Girlande dabei so um die Kordel wickeln, dass eine ca. 2 cm lange Drahtlasche übersteht, an der die Girlande später aufgehängt werden kann.

DEKORATIONEN FÜR DRINNEN

Zünftige Zapfenmännchen
→ Zopfmädchen, Engel und Jäger

MOTIVHÖHE
ca. 12 cm bis 20 cm

MATERIAL
- 2 Kiefernzapfen, ca. 7 cm lang (Jäger und Engel)
- Tannenzapfen, ca. 11 cm lang (Zopfmädchen)
- 3 Wattekugeln, ø 3,5 cm (Kopf)
- Wattekugel, ø 1 cm (Engelnase)
- 2 Pompons in Rot, ø 1 cm
- Acrylfarbe in Hautfarbe, Mittelgelb, Dunkelgrün und Rot
- Bastelfilzreste in Rot, Hellgrün und Dunkelgrün
- Stofftaschentuch mit Karo-Muster, 28,5 cm x 28,5 cm
- Fotokartonreste in Gold und Dunkelgrün
- Tonpapier in Dunkelbraun, 1,5 cm x 5 cm
- Wolle in Gelb, ca. 4 g
- Wollreste in Dunkelgrün und Braun
- geflochtenes Zierband in Rot-Gold, 2 mm breit, ca. 15 cm lang
- Stecknadeln ohne Kopf

VORLAGE SEITE 75

Zopfmädchen

1 Für das Zopfmädchen die große Wattekugel hautfarben bemalen und nach dem Trocknen den Pompon als Nase aufkleben. Das Gesicht mit Filzstiften gestalten, für die Wangen eine Pinselspitze roter Acrylfarbe mit etwas Hautfarbe mischen und auftragen.

2 12 gelbe Wollstücke, jeweils ca. 30 cm lang (2 g), in der Mitte abbinden, zu Zöpfen flechten und mit dunkelgrünem Wollrest je eine Schleife umbinden.

3 Mütze und Schultertuch aus rotem Filz zuschneiden, zusammenkleben und mit dunkelgrünem bzw. hellgrünem Herz verzieren. Die Zöpfe auf den Kopf und die Mütze aufkleben und alles wie abgebildet mit Alleskleber auf dem Tannenzapfen fixieren. Das Tuch um die Schultern drapieren, seitlich zusammenbinden und punktuell festkleben.

Engel

1 Für den Engel das Haarteil mit gelber Farbe aufmalen. Das Gesicht wie beim Zopfmädchen beschrieben arbeiten, für die Nase die kleine Wattekugel mehrfach hautfarben bemalen und aufkleben. Einen 20 cm langen Zopf aus gelber Wolle (2 g) flechten, wie abgebildet zu einer „Schnecke" wickeln und mit Stecknadeln auf dem Kopf befestigen.

2 Das Schultertuch aus dem Taschentuch zuschneiden, gemäß Vorlagenskizze falten, mit Klebstoff fixieren und aufkleben. Ein Sternchen aus goldfarbenem Fotokarton ausschneiden und auf das Tuch kleben. Die Flügel aus goldenem Fotokarton ausschneiden, falten und wie abgebildet auf den Kiefernzapfen kleben.

Jäger

1 Für den Jäger den Kopf wie beim Zopfmädchen beschrieben arbeiten. Den Ring für die Hutkrempe aus grünem Fotokarton ausschneiden und auf den Kopf setzen. Die Position der Hutkrempe rundherum mit Bleistift markieren und den Ring wieder abnehmen. Diesen oberen Teil des Kopfes grün anmalen. Nach dem Trocknen die Hutkrempe wieder auf den Kopf schieben.

2 Für den Gamsbart etwa ¾ des braunen Tonpapierstreifens laut Vorlage einschneiden, zusammenrollen, mit Klebstoff fixieren und buschig zupfen. Seitlich am Hut fixieren und das Zierband direkt darüber rundum aufkleben. Für die Haare zweimal jeweils drei braune Wollreste zu je 5 mm Länge unter den Hutrand kleben und mit den Fingern etwas ausfransen. Das hellgrüne Schultertuch mit grünem Herz wie beim Zopfmädchen beschrieben gestalten. Alles auf den Kiefernzapfen kleben.

Variations-Tipp

Arbeiten Sie auch einen Wichtel oder den bekannten Engel Aloisius. Ein weißes Schaf aus weiß bemaltem Kiefernzapfen mit Glöckchen oder kleine Engelchen aus Lärchenzapfen sehen ebenfalls sehr lustig aus!

DEKORATIONEN FÜR DRINNEN

Winterlandschaften
→ einfach zauberhaft!

MOTIVHÖHE
Spandose ca. 6,5 cm
Fensterbild ca. 21 cm

MATERIAL SPANDOSE
- Spandose, ø 16 cm, 6,5 cm hoch
- Borstenpinsel Nr. 8, 9 oder 10
- Aquarellpinsel Nr. 0, 1 oder 2 und 4, 5 oder 6
- Acrylfarbe in Weiß, Schwarz, Azurblau, Mittelgelb und Braun
- Antikwachs in Farblos
- wasserfester Filzstift in Blau
- (alter) Teller, ø 15 cm

VORLAGE SEITE 71

FENSTERBILD
- Tonpapier in Hellblau und Weiß, jeweils A4
- Tonpapierreste in Grau, Dunkelbraun, Hellbraun und Dunkelblau
- Fotokarton in Dunkelblau und Weiß, jeweils A3
- Buntstift in Hellblau und Dunkelbraun
- kleine, spitze Scherenschnittschere

VORLAGE SEITE 69

Spandose

1 Die Spandose mit Schleifpapier (240er Körnung) abschmirgeln. Mit dem Borstenpinsel die obere Deckelhälfte mit unverdünnter blauer Farbe zügig bemalen. Dabei immer waagerecht streichen. Dann den unteren Teil in Weiß bemalen. Den Pinsel auswaschen, abtrocknen und nun die weiße Farbe in die noch feuchte blaue Farbe übergangslos einstreichen. Trocknen lassen.

2 Das Motiv (ohne Türen, Fenster, Sterne und Schneeflocken) übertragen. Grau aus Weiß und einer Pinselspitze Schwarz mischen und die Hauswände damit ausmalen. Das linke Haus etwas heller gestalten. Die Holzverkleidungen der Häuser und den Zaun in Braun ausmalen. Die Konturen für die Holzbretter, Uhr, Kugel der Kirchturmspitze, Türen und Fenster übertragen und mit schwarzer Farbe aufzeichnen. Die Kirchenwände mit stark verdünntem Gelb transparent übermalen.

3 Die Dächer mit Weiß ausmalen. Nach dem Trocknen die Konturen mit verdünntem Blau nachzeichnen und oben sowie vor allem auf der rechten Seite schattieren. Danach mit dem Schnee auf der Erde und den Bäumen genauso verfahren. Das Kreuz auf der Kirchturmspitze weiß anlegen und die Zeiger der weiß ausgemalten Uhr mit schwarzer Farbe aufzeichnen. Die kleine Kugel in Gelb ausmalen. Mit dem feinsten Pinsel einige weiße Schneeflocken verstreut auftupfen.

4 Den innersten Kreis und den Deckelrand mit Dunkelblau, das mit Azurblau und etwas Schwarz angemischt wurde, ausmalen. Sterne und Punkte übertragen oder frei Hand aufzeichnen und erst mit weißer, dann mit gelber Farbe gestalten. Für den äußeren, dünnen Ring den Teller mit ø 15 cm auflegen und mit wasserfestem blauen Filzstift umfahren. Danach mit dem dünnsten Pinsel in Dunkelblau nachziehen.

5 Das Unterteil der Dose in Azurblau bemalen. Nach dem Trocknen den fertigen Deckel aufsetzen und mit dem dünnsten Pinsel direkt unter dem Deckelrand einen weißen Streifen mehrfach rundherum nachziehen. Darunter gelbe Sterne und Punkte wie auf dem Dosendeckel aufmalen. Gut trocknen lassen und die Dose vorsichtig mit Antikwachs einreiben.

Fensterbild

1 Das Oval auf dunkelblauen Fotokarton, das große Landschaftsteil auf weißen Fotokarton übertragen und ausschneiden. Den jeweils größeren Teil der Bäume auf hellblaues bzw. dunkelblaues, den kleineren Teil auf weißes Tonpapier übertragen und ausschneiden. Damit die Tannen später schön plastisch wirken, einige Rundungen auf dem weißen Teil gemäß Vorlage nachschneiden, aber nicht ausschneiden! Die weißen Bäume auf die farbigen aufkleben. Die drei Teile des Kirchendaches aus weißem und hellblauem Tonpapier arbeiten.

2 Die Kirche und die Felsen aus grauem Tonpapier ausschneiden. Zaun, Kirchenfenster und -tür aus dunkelbraunem Tonpapierrest ausschneiden, die Tür mit dunkelbraunem Buntstift gestalten und zusammen mit den Dachteilen auf die Kirche kleben. Das Reh auf hellbraunes Tonpapier übertragen und ausschneiden. Mit dunkelbraunem Buntstift Kopf und Bauch des Tieres gestalten.

3 Das blaue Oval auf das weiße Landschaftsteil kleben, die Ränder sauber nachschneiden. Zuerst die Kirche und dann die grauen Felsteile und Bäume, den Zaun und das Reh gemäß Vorlage und Abbildung befestigen. Mit hellblauem Buntstift das Kirchturmdach, einige Stellen unter der Kirche und unter den Rehbeinen schattieren. Zum Schluss die eingeschnittenen „Zweige" an den Tannen vorsichtig nach außen biegen.

DEKORATIONEN FÜR DRINNEN

Stimmungsvoller Krippenstall

→ im typisch alpenländischen Stil

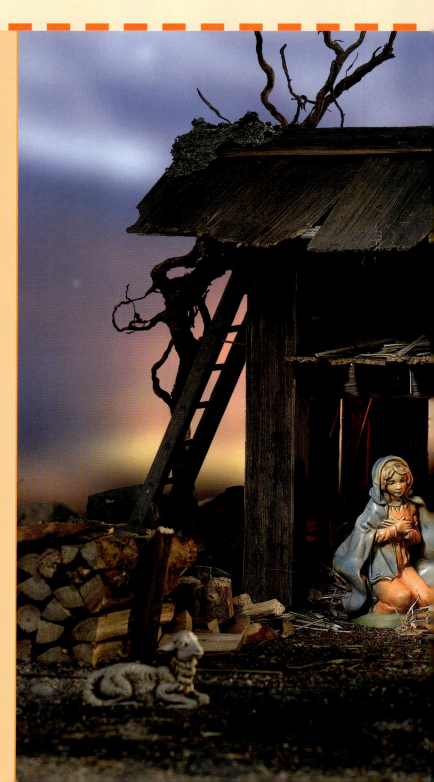

MOTIVHÖHE
ca. 22 cm
(für 8 cm - 10 cm große Figuren)

MATERIAL
- mittelgroße Flasche Holzleim
- ca. 250 ml Holzbeize in Grau- oder Brauntönen
- ca. 50 Schrauben mit Senkkopf, 3 mm x 35 mm
- ggf. 4 - 6 alte Obst- oder Salatkisten
- Äste bzw. Vierkanthölzer gemäß Stückliste (Seite 34)
- Bohrer in verschiedenen Größen
- Drahtbürste
- scharfes Messer
- Metermaß
- Spachtel
- sonstiges haushaltsübliches Kleinwerkzeug

GESTALTUNG DER GRUNDPLATTE
- Pressspanplatte oder mehrere Bretter, Größe nach Bedarf
- Streumaterial (z. B. mit dunkelbrauner Farbe verrührte Sägespäne oder abgepacktes Material vom Modelleisenbahnbau)
- fein zerriebene, trockene Baumrinde
- etwas Heu und geschnittenes Stroh
- Moos (Dach)
- Wurzeln (Bäume)
- kleine, dünne Äste (Zaun)

DEKORATIONEN FÜR DRINNEN

Allgemeines

1 Für die Holzkonstruktion wird trockenes Fichtenholz verwendet. Wer über die entsprechenden Werkzeuge verfügt, kann sich die Bauteile entsprechend der Stückliste selbst schneiden. Die notwendigen Leisten sind auch im Baumarkt oder beim Schreiner erhältlich.

2 Die Grundplatte besteht aus einer Pressspanplatte, kann jedoch auch aus Brettern zusammengefügt, geschliffen und dann gebeizt werden. Die Größe der Grundplatte richtet sich immer nach dem vorhandenen Platz, sollte jedoch nicht kleiner als in der Stückliste angegeben sein.

3 Für Bretterverschlag, Heuboden und Dacheindeckung werden Bretter von etwa 4 bis 6 Obst- oder Salatkisten benötigt. Die Stärke der Brettchen sollte jedoch nicht mehr als 3 mm betragen. Ersatzweise kann ein im Baumarkt erhältliches Profilbrett verwendet werden, das auf eine Stärke von 2 mm bis 3 mm abgehobelt wird.

4 Bevor mit dem Zusammenbau begonnen wird, sollten zum leichteren Auffinden alle Teile aus der Stückliste mit Bleistift nummeriert werden (z. B. Tragebalken 1 und 2). Mehrere maßgleiche Teile werden zur besseren Übersicht mit 1a, 1b usw. gekennzeichnet. Dies erleichtert den Zusammenbau.

Erläuterungen

- Pfette: Waagerecht verlaufender Balken, auf dem die Dachsparren aufgelegt werden. Die Pfette liegt auf einer Mauer oder einem Tragebalken auf.
- Sparren: schräger Dachbalken

Zusammenbau

1 Alle tragenden Teile der Krippenkonstruktion werden mit Senkkopfschrauben verschraubt. Damit die Holzleisten nicht reißen, sollten die Schraubenlöcher vorgebohrt werden. Holzverkleidungen und Dacheindeckungen werden mit Heißkleber fixiert.

2 Um der Krippe ein altes Aussehen zu verleihen, sollten alle nach der Fertigstellung der Krippe sichtbaren Schnittflächen und Schnittkanten der Tragebalken, Pfetten, Holme und Sparren vor dem Zusammenbau bearbeitet werden. Schnittkanten sollten mit einem scharfen Messer ungleichmäßig gebrochen werden. Die Schnittflächen werden ebenfalls mit einem Messer bearbeitet, sodass unebene Flächen entstehen. Anschließend werden die Flächen mit einer Drahtbürste bearbeitet, bis die Maserung des Holzes hervortritt. Aufgeraute Teile werden mit Schleifpapier überarbeitet.

Farbwahl

1 Für den Anstrich wird Holzbeize in Grau- oder Brauntönen empfohlen, die mit einem Pinsel oder Schwamm aufgetragen wird. Holzbeizen können untereinander gemischt werden.

2 In jedem Fall sollte eine Probebeizung durchgeführt werden, die aber erst nach dem Trocknen (halber Tag) zu beurteilen ist. Nach dem Trocknen können die gebeizten Teile mit einem fusselfreien Lappen abgerieben werden.

3 Der dargestellte Krippenstall ist ein einfacher Unterstand, mit Heuboden und einem nach vorne abknickenden Dach. Als Bauteile können dürre Äste und Zweige oder Vierkanthölzer verwendet werden.

Stückliste – Äste oder Vierkanthölzer:			
Nr.	Bezeichnung	Profil/Maße in cm	Anzahl
1	Tragebalken	Rundholz ø ca. 2,5 x 18,5/Vierkant 2 x 2 x 18,5	2
2	Tragebalken	Rundholz ø ca. 2,5 x 12,5/Vierkant 2 x 2 x 12,5	2
3	Pfette 2 ⬔ 1,6 / 2	Rundholz ø ca. 2,5 x 32/Vierkant 2 x 2 x 32	1
4	Pfette 1,5 ⬠ 1,7 / 2	Rundholz ø ca. 2,5 x 32/Vierkant 2 x 2 x 32	1
5	Querbalken	Rundholz ø ca. 1,5 x 22/Vierkant 1,5 x 1,5 x 22	2
6	Sparren	Rundholz ø ca. 1,0 x 21/Vierkant 1 x 1 x 21	4
7	Sparren	Rundholz ø ca. 1,0 x 10/Vierkant 1 x 1 x 10	4
8	Querholm	Rundholz ø ca. 1,0 x 22/Vierkant 1,0 x 0,7 x 22	1
9	Querhom	Rundholz ø ca. 1,0 x 13,5/Vierkant 1,0 x 0,7 x 13,5	4
10	Stützbalken	Rundholz ø ca. 1,0 x 7/Vierkant 1,0 x 0,7 x 7	1
11	Strebe	Rundholz ø ca. 1,0 x 10/Vierkant 1,0 x 0,7 x 10	6
12	Grundplatte	Brett/Pressspan ca. 45 x 45 x 1	1
13	Leiste für Grundplatte	Leisten 1,2 x 0,5 x 47	4

DEKORATIONEN FÜR DRINNEN

Montageskizze

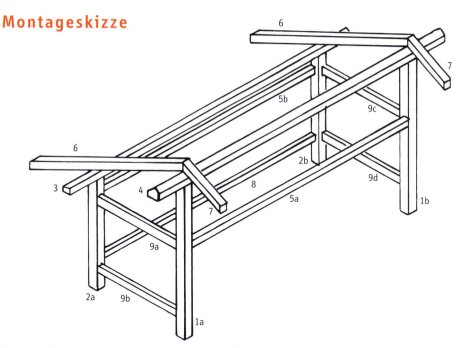

Montage

Unterkonstruktion

◆ Tragebalken 1a, 1b, 2a und 2b werden entsprechend der Montageskizze mit den Querholmen 8, 9a bis 9d und den beiden Querbalken 5a und 5b bündig verschraubt. Dazu Tragebalken vorbohren (ø 3 mm). Der Abstand der Unterkante von Querholmen 5a und 5b zur Grundplatte beträgt 15 cm, der Abstand der Querholme 9b und 9d zur Grundplatte beträgt 2 cm bis 3 cm. Holme 9a und 9c werden etwas versetzt zu den Querbalken 5 angebracht.

◆ Die vier Tragebalken 1 und 2 von unten auf die Grundplatte schrauben.

◆ Pfette 3 wird mit einem scharfen Messer auf der ganzen Länge um ca. 30° angeschrägt (vgl. Stückliste Seite 34).

◆ Pfette 4 wird auf zwei Seiten auf der ganzen Länge um ca. 30° angeschrägt (vgl. Stückliste Seite 34).

◆ Die Pfette 3 von oben auf die Tragebalken 2 und Pfette 4 auf die Tragebalken 1 schrauben. Die Pfetten stehen auf beiden Seiten ca. 1,5 cm über. Pfette 3, Querbalken 5b und Querholm 8 sitzen außen genau übereinander.

◆ Anschließend wird der Heuboden eingebaut. Dazu werden 1 cm bis 2 cm breite Holzbretter quer über die beiden Querbalken 5 gelegt und festgeklebt. Hinten haben die Bretter keinen Überstand, vorne werden sie unregelmäßig abgebrochen, hier beträgt der Überstand 2 cm bis 3 cm.

Dachaufbau

◆ Die Dachsparren 6 werden mit Heißkleber hochkant auf die Pfetten 3 und 4 geklebt. Der Überstand der Sparren nach hin-

ten beträgt ca. 3 cm, vorne schließen sie genau an der Mitte der Pfette 4 ab. Die äußeren Sparren 6 befinden sich genau über den Querholmen 9, die beiden inneren Sparren werden ausgemittelt.

◆ Die Sparren 7 werden an der Stirnseite angeschrägt und paarweise mit den Sparren 6 auf die Pfette 4 geklebt.

◆ Eine Strebe 11 zwischen den Tragebalken 1a und Sparren 7 sowie eine Strebe 11 zwischen Tragebalken 1b und Sparren 7 schräg einpassen und ankleben.

◆ Den Stützbalken 10 senkrecht zwischen Heuboden und Pfette 4 mittig einpassen und einkleben.

◆ Jeweils eine Strebe 11 zwischen jeden Sparren 7 und dem Heuboden schräg einpassen und festkleben.

◆ Vier Dachlatten (Furnierreste vom Schreiner, vgl. Seite 34) quer über die Sparren kleben. Dabei die unterste und die oberste Dachlatte jeweils ca. 1 cm vor dem Ende der Sparren aufkleben und die beiden übrigen Latten ausmitteln. Der Überstand links und rechts beträgt ca. 2 cm.

◆ Die beiden Streben 7 auf Länge schneiden (8 cm bis 10 cm) und schräg zwischen die Tragebalken 1a bzw. 1b und Querbalken 3a kleben.

Anbringen des Bretterverschlags

◆ Für den Bretterverschlag werden wieder Holzbrettchen von Obst- oder Salatkisten verwendet (vgl. Seite 34).

◆ Ungleiche Streifen von 1 cm bis 2 cm Breite zurechtschneiden.

◆ Die Brettchen werden auf der einen Seite über der Tischkante gebrochen und auf der anderen Seite so abgesägt, dass sie von der Oberkante der Sparren bis zur Grundplatte reichen.

◆ Der Bretterverschlag wird mit Heißkleber befestigt. Die Bretter seitlich an die äußeren Sparren 4 und die Querholme 5, an die Rückseite des Querbalkens 3b und des Querholms 6 kleben. Der Bretterverschlag sollte unregelmäßig mit Spalten und Ritzen angebracht werden.

◆ Nach dem Trocknen wird der Bretterverschlag leicht mit feinem Schleifpapier überarbeitet.

Dacheindeckung

◆ Das Dach wird mit Schindeln eingedeckt. Für die Schindeln Holzbrettchen (von Obst- und Salatkisten, vgl. Seite 34) in 4 cm bis 6 cm breite Streifen schneiden und über einer Tischkante auf die richtige Länge brechen. Die Dachschindeln müssen auf den beiden unteren Dachlatten aufliegen und hinten in der Länge mit den Sparren abschließen.

◆ Die Dacheindeckung mit der unteren Schindelreihe beginnen und Schindel an Schindel nebeneinander mit Heißkleber auf die Lattung kleben.

◆ Die zweite Schindelreihe mit einer halben Schindel beginnen. Die zweite Reihe liegt auf der dritten Latte und überlappt die erste Reihe um 1 cm bis 2 cm.

◆ Die dritte Reihe beginnt wieder mit einer ganzen Schindel und reicht vorne bis zum Sparrenende.

◆ Nach der Fertigstellung werden das Dach und der Bretterverschlag gebeizt. Beize nicht zu satt aufbringen.

◆ Nach dem Trocknen können das Dach und der Verschlag leicht mit feinem Schmirgelpapier bearbeitet werden.

◆ Die weitere Dachgestaltung ist auf Seite 37 beschrieben.

Weitere Ausgestaltung der Krippe

Die sorgfältige und liebevolle Ausgestaltung der Grundplatte trägt wesentlich zum Gelingen der Krippe bei. Es sollte daher auch die dafür notwendige Zeit aufgewendet und eigene Fantasie eingebracht werden. Wie soll der Boden gestaltet werden, wo soll ein Holzstoß aufgerichtet werden, oder ein Baum stehen? Der richtige Standort sollte vor Beginn der Ausgestaltung bereits festgelegt werden.

Gestaltung der Grundplatte

◆ Die Schnittkanten der Grundplatte werden mit den dafür vorgesehenen Leisten aus der Stückliste verkleidet.

◆ Die Leisten werden auf die richtige Länge gebracht und bündig mit der Plattenunterseite – oben etwas überstehend – mit Holzleim und kleinen Nägeln auf den Schnittkanten befestigt. Die Leisten mit Drahtbürste und Schleifpapier bearbeiten und anschließend beizen.

◆ Für Zaunpfähle werden am Rand der Grundplatte im Abstand von ca. 18 cm Löcher in die Grundplatte gebohrt (ø ca. 6 mm). Es können auch Bohrungen für Pfähle von Holzstößen gesetzt werden. Einen Holzstoß nach Wunsch anbringen.

Gestaltung der Oberfläche

◆ Zur Gestaltung des Bodens wird im Inneren der Krippe auf dem Boden reichlich Holzleim aufgetragen.

◆ Etwas mit einer Schere kurzgeschnittenes Stroh aufstreuen und mit der Hand festdrücken. Das Streumaterial für den Außenbereich kann auch einfach selbst hergestellt werden. Dazu werden ca. 1 Liter Sägespäne – ersatzweise aus Kleintierstreu (Zoofachhandel, Drogeriemarkt) – mit 20 ml bis 30 ml dunkler Farbe kräftig und intensiv vermischt, bis ein dunkles Streu entstanden ist.

◆ Als Farbton empfiehlt sich Erdbraun, wobei an den Rändern der Grundplatte etwas Grün eingestreut werden kann. Zusätzlich sollte noch etwas fein verriebene trockene Baumrinde und trockenes Baummoos aufgestreut werden.

DEKORATIONEN FÜR DRINNEN

Dachgestaltung

◆ Auf das Dach können zum Beschweren der Dachschindeln Steine mit Heißkleber geklebt werden. Als Schneefang können am Ende der beiden Dachhälften ca. 1 cm starke, runde Äste aufgeklebt werden. Zur weiteren Ausgestaltung des Daches kann man auch etwas Baummoos aufkleben.

Elektrische Beleuchtung

◆ Zum Aufhängen einer Stalllaterne wird in den Heuboden ein kleiner Haken gedreht. Das Stromkabel durch die rückwärtige Stallwand führen (evtl. nochmals ein Brett entfernen und dann neu ankleben) und dort eine Batterie oder einen Trafo anschließen. Laternen und Trafos sind auf Weihnachtsmärkten oder im Baumarkt erhältlich.

Die Details

◆ Wichtig bei der Herstellung der Kleingeräte, Holzstöße, Zäune usw. ist, die richtigen Größenverhältnisse zu finden und einzuhalten. Sie sind immer an der Größe der Krippe und an den Krippenfiguren auszurichten.

BRETTERSTAPEL

◆ Für einen Bretterstapel können 1 cm bis 2 cm breite und 12 cm bis 14 cm lange Holzbrettchen aufgerichtet werden. Die Breite des Stapels sollte 7 cm bis 8 cm betragen.

◆ Zwischen die Stapel an beide Enden Querleisten legen, auf die die nächste Bretterschicht geklebt wird. Der Stapel sollte etwa fünf Bretterschichten umfassen. Bretterstapel nach dem Antrocknen mit Wachsbeize beizen.

HACKKLOTZ

◆ Der Hackklotz kann ebenfalls aus einem 3 cm bis 4 cm starken, dürren Ast geschnitten werden. In der Höhe sollte der Hackklotz bis zu den Oberschenkeln der Figuren reichen.

HOLZSTOSS

◆ Zur Erstellung eines Holzstoßes sind Holzscheite notwendig, die man aus einem dürren Ast herstellt. Von diesem Ast werden mit einer Säge 3 cm bis 4 cm dicke Scheiben geschnitten und mit einem scharfen Messer zu Holzscheiten gespalten.

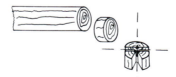

◆ Diese Scheite werden an der vorgesehenen Stelle zu einem Holzstoß aufgeschichtet. An den Enden des Holzstoßes werden jeweils zwei Pflöcke angebracht. Sie bestehen aus einem ca. 4 mm dicken, runden Zweig und werden in die Grundplatte gebohrt.

ZAUN

◆ Der Zaun wird am Rand der Grundplatte angebracht, kann jedoch auch bei entsprechend großer Grundplatte weiter hineingesetzt werden. Die Zaunpfähle werden aus 5 mm bis 6 mm starken, dürren Zweigen gebrochen und in den dafür vorgesehenen Bohrungen (vgl. Seite 36, Gestaltung der Grundplatte, Zaunpfähle) in der Grundplatte mit etwas Heißkleber befestigt. Die Pfähle sollten nicht höher als 6 cm sein.

◆ An die Pfähle, die im Abstand von ca. 18 cm gesetzt werden, außen dünne Holzstreifen kleben, wie sie auch für die Dachlattung verwendet wurden. Anstelle dieser Holzstreifen können auch 3 mm bis 4 mm dürre Zweige aufgeklebt werden.

BAUM

◆ Als Bäume können Wurzeln verwendet werden, die man an Wurzelstöcken von entwurzelten Bäumen findet. Die Baumhöhe sollte in etwa der Krippenhöhe entsprechen. Der Baum wird an beliebiger Stelle von unten durch die Grundplatte angeschraubt.

SONSTIGES

Besen, Leiter, Karren, Rechen und sonstiges Kleingerät können auf Weihnachtmärkten erworben oder mit etwas Geduld und Geschick selbst hergestellt werden.

37

SCHÖNES FÜR TISCH UND BAUM

Was wäre das Weihnachtsfest ohne einen schön geschmückten Baum und eine feierliche Festtafel? Auf den folgenden Seiten finden Sie vielfältige, edle und rustikale Deko-Ideen im original alpenländischen Stil!

SCHÖNES FÜR TISCH UND BAUM

Christbaumschmuck
→ in edler Naturpapier-Optik

1 Das Naturpapier in kleine Stücke (ca. 4 cm x 4 cm) reißen. Den Tapetenkleister nach Herstellerangaben anrühren. Die gewünschte Styroporform mit etwas Tapetenkleister bestreichen und die Papierstücke aufdrücken. Dies geht am einfachsten mit der Hand. Auf diese Weise mehrere Lagen Papier mit Kleister übereinander kleben. Dabei nicht mit dem Kleister sparen und das Papier immer gut feststreichen. Die überzogenen Formen über Nacht trocknen lassen.

2 Kugeln, Herzen und Sterne wie folgt verzieren: Weiße Kugeln können mit goldenen Blattranken und roten Herzen dekoriert werden. Schön sieht es auch aus, wenn sie oben und unten rot bemalt werden, sodass nur noch ein weißer Streifen in der Mitte verbleibt, der dann mit Rankenmustern in Grün und Gold verziert wird. Umgekehrt können auch rote Kugeln mit einer weißen Bordüre bemalt und dann mit Filzstiften und Lackmalstift verziert werden.

3 Sehr edel und rustikal wirken aufgemalte und konturierte Herzen mit Schnörkelmotiven. Die großen Flächen mit Acrylfarbe bemalen, dünne Linien und Muster mit Filz- und Lackmalstiften gestalten. Kleine Punkte können mit der Spitze eines Pinselstiels oder einem Schaschlikstäbchen aufgetupft werden. Auf die Sterne mit Lackmalstift einen Eiskristall malen, die Spitzen sowie zusätzliche Punkte mit Plusterstift aufsetzen.

4 Die Aufhängung kann laut Vorlage auf zwei Arten angebracht werden: Mit einem Schaschlikstäbchen ein Loch in die Styroporform stechen und vorsichtig etwas weiten. Ein Stück Paketschnur doppelt legen, eine Holzperle auf beide Fadenenden aufziehen, unterhalb der Perle etwas Faden überstehen lassen. Diesen mithilfe eines Schaschlikstäbchens in das Loch der Styroporform eindrücken, sodass die Perle schön aufsitzt. Mit etwas Klebstoff fixieren.

5 Eine weitere Möglichkeit ist, quer zum Rillenverlauf der Wellpappe einen 1 cm x 10 cm großen Streifen auszuschneiden. Die Paketschnur wiederum doppelt legen und die beiden Enden zusammen mit dem Streifen aufwickeln. Den Faden innen ggf. mit etwas Klebstoff fixieren. Die Wellpapperolle fest zusammenkleben. Die fertige Rolle mit Heißkleber auf der Kugel fixieren.

MOTIVHÖHE
Kugeln ca. 7 cm
Stern ca. 9 cm
Herz ca. 9 cm

MATERIAL (ALLE MOTIVE)
- Styroporformen, z. B. Kugeln (ø 7 cm), Herzen (9 cm hoch) und Sterne (ø 9 cm)
- Naturpapier in Rot oder Weiß, jeweils 2 x A4
- Tapetenkleister
- Acrylfarbe in Weiß und Rot
- Paketschnur in Natur, ø 1 mm

ZUSÄTZLICH (JE NACH MOTIV)
- Filzstift in Grün
- Lackmalstift in Gold
- Plusterstift in Weiß
- Holzperle in Weiß oder Rot, ø 8 mm (Kugeln und Herzen)
- Wellpappereste in Rot und Weiß (Kugeln)

VORLAGE SEITE 78 + 80

MOTIVHÖHE
ca. 15 cm

MATERIAL
- Tannenzweige
- Zweige von Serbischer Fichte
- Strohkranz, ø 30 cm
- Sperrholz, 6 mm stark, A4
- Acrylfarbe in Hellbraun
- ca. 20 Zieräpfelchen, ø 3 cm
- ca. 10 Zimtstangen, 6 cm lang
- 10 Kiefernzapfen, ø ca. 4 cm
- Satinband, 3 mm breit, 4 x 15 cm lang
- 4 Glöckchen in Gold, ø 9 mm
- Blumendraht in Grün, ø 0,35 mm
- Steckdraht, 4 x 6 cm lang
- 4 Stumpenkerzen in Rot, ø 4,5 cm, 5 cm hoch

VORLAGE SEITE 77

Tischkranz
→ mit lustigen Hirschen

1 Die Tannenzweige mit Blumendraht um den Stohkranz binden. Anschließend die Fichtenzweige schön verteilt mit Draht befestigen.

2 Die vier Steckdrahtstücke in den Kranz stecken. Die Kerzen aufstecken und festdrücken. Zimtstangen, Zapfen und Zieräpfelchen mit Heißkleber auf dem Kranz befestigen.

3 Die Hirsche gemäß Vorlage aus Sperrholz aussägen und die Kanten abschleifen (240er Körnung). Nase und Augen mit Acrylfarbe in Hellbraun bzw. Permanentmarker in Schwarz aufmalen. Das Glöckchen mit dem Satinband umbinden. Die Hirsche zwischen die Kerzen setzen und vorsichtig in den Kranz eindrücken. Darauf achten, dass die Figuren einen stabilen Stand haben und nicht zu nah an den Kerzen platziert werden!

MOTIVHÖHE
ca. 65 cm (ohne Aufhängung)

MATERIAL
- Sperrholz, 6 mm stark, A4
- Acrylfarbe in Hellbraun, Grün und ggf. in Rot
- 3 Holzsterne in Natur oder Rot, ø 2 cm
- 2 Zimtstangen
- Erdnuss und kleiner Kiefernzapfen
- Glöckchen in Gold, ø 9 mm
- Satinband, 3 mm breit, 15 cm lang
- Bohrer, ø 2 mm
- Blumendraht in Grün, ø 0,35 mm

VORLAGE SEITE 76

Deko-Kette
→ passend zum Kranz

1 Zwei Tannen und einen Hirsch gemäß Vorlage aussägen und laut Abbildung bzw. wie beim Tischkranz beschrieben bemalen. Die Bohrungen für die spätere Drahtbefestigung an den Tannen anbringen. Die Kanten mit Schleifpapier etwas abrunden, bei den Tannenbäumen die grüne Farbe an den Kanten leicht abschleifen. Die kleinen Holzsterne durchbohren, ggf. rot bemalen.

2 Die Einzelteile mit Drahtstücken (je ca. 10 cm bis 20 cm lang) zu einer Kette verbinden: Dabei die Zimtstangen, den Zapfen und die Erdnuss mit Draht umwickeln und diesen durch die kleinen durchbohrten Holzsterne hindurchfädeln. Den Hirsch befestigen, indem je ein Drahtende um einen Huf bzw. das Geweih gewickelt wird.

3 Die freistehenden Drahtstücke mithilfe eines Pinselstiels oder Bleistiftes locken. Ein längeres Drahtstück im oberen Bohrloch der ersten Tanne befestigen und die Kette damit aufhängen.

SCHÖNES FÜR TISCH UND BAUM

Tischdekoration
→ edel-rustikal

SCHÖNES FÜR TISCH UND BAUM

MOTIVGRÖSSE
ca. ø 5 cm

MATERIAL
- Metallglöckchen, vermessingt, 4 x ø 1,5 cm und 7 x ø 1,1 cm
- Deko-Kordel in Kupfer, ø 4 mm, 27 cm lang
- Acrylfarbe in Herbstrot (Antik)
- Klarlack
- Bindedraht, ø 0,35 mm
- Stoffserviette in Weiß oder Natur

MOTIVHÖHE
ca. 16 cm

MATERIAL
- 3 Birkenholzscheiben, 1 cm stark, ca. ø 7 cm, 3 cm und 1,5 cm
- 2 Birkenholzscheiben, 1 cm stark, ca. ø 5 cm und 9 cm
- Nägel, ø 1 mm, 2 cm bis 3 cm lang
- Filzstern in Braun, ø 5,5 cm
- Filzband in Braun, 4 mm breit, 50 cm lang
- passende Kerze in Braun oder Karamell
- Wachsklebeplättchen

Serviettenring „Schellenkranz"

1 Die Glöckchen zum Bemalen einzeln an je einem dünnen Haltedraht (z. B. aus Bindedraht) befestigen, zweimal lackieren und zum Trocknen an einem gespannten Draht o. Ä. aufhängen. Danach mit Klarlack besprühen.

2 Ein Ende der Kordel mit einem Klebefilmstreifen fixieren, die Glöckchen wie abgebildet in unregelmäßiger Größenfolge auf die Mitte der Kordel ziehen, eng zusammenschieben und an jedem Ende mit einem Knoten sichern. So verrutschen die Glöckchen später nicht.

3 Den Glöckchenstrang um eine zusammengerollte Serviette legen und die beiden Kordelenden fest verknoten.

Bastel-Tipp

Sollten Sie im Handel keine Farbe in Herbstrot (Antik) finden, können Sie diese auch aus Lehmbraun und Rot selbst mischen. Probieren Sie den idealen Farbton vorher an einem alten Glöckchen oder Metallteil aus.

Schmaler Kerzenständer

1 Die Birkenstammscheiben entsprechend zusägen (lassen) und die Oberflächen abschleifen (240er Körnung). In die Mitte der Bodenplatte (ca. ø 7 cm) einen Nagel ca. 1 cm tief einschlagen und den Nagelkopf mit dem Seitenschneider abzwicken. Die Bodenfläche des 9 cm hohen Holzstückes mit Leim bestreichen, aufsetzen und mit dem Hammer zusammenklopfen.

2 Die weiteren Scheiben ebenso wie abgebildet zusammenfügen, evtl. den ganzen Kerzenständer während der Trocknungsphase mit einer passenden Schraubzwinge zusammenpressen.

3 Das Filzband durch den Stern fädeln, um den Stamm herumlegen und mit einer Schleife auf der Rückseite fixieren. Achtung: Das Filzband nicht zu stark anziehen, da es womöglich reißt.

4 Die Kerze mit einem Wachsklebeplättchen aufsetzen. Alternativ einen weiteren abgekniffenen Nagel als Dorn oben einschlagen und die Kerze vorsichtig eindrücken.

Variations-Tipp

Einzelne Birkenstammscheibchen, die vielleicht nach dem Sägen übrig geblieben sind, kommen ebenfalls gut zur Geltung, wenn Sie ein Teelichtglas mit farblich zur Tischdeko passendem Teelicht daraufstellen. Eine einfache, aber sehr wirkungsvolle Idee!

Tischdekoration mit Bändern

Die Mitte des Tisches wurde mit folgenden Bändern dekoriert (beim Abmessen unbedingt an der Länge der Tischdecke orientieren!): Deko-Taft in Cognac, 20 cm breit (im Bastelgeschäft von der Rolle erhältlich), Taftband mit Stickerei in Mokka, 15 cm breit.

Mit einfachen Teelichthaltern (siehe Tipp oben), großen Kiefernzapfen (evtl. vorher gold ansprühen) und einem kleinen Tannenzweig auf dem Teller lassen sich schöne Akzente auf der Festtafel setzen!

SCHÖNES FÜR TISCH UND BAUM

Kerzenständer mit Glöckchen

1 Die Scheiben aus einem Birkenholzstamm zusägen (lassen) und die Oberflächen abschleifen. Die mittelgroße Scheibe oben und unten plan feilen oder schleifen.

2 Für den Herz-Ausschnitt gemäß Vorlage die Mittelpunkte der zwei großen kreisrunden Bohrungen anzeichnen und mit der Lochsäge ausbohren. Dann die Spitze des Herzens vorzeichnen und mit der Stichsäge aussägen.

3 Mit dem dünnen Bohrer (ø 1 mm) rechts und links der nach innen zeigenden Spitze je eine kleine Bohrung anbringen, den Blumendraht, ca. 3 cm lang, zu einem passenden Kreis biegen, die bemalte und lackierte Schelle auffädeln und die Enden mit Klebstoff in den Bohrungen fixieren (siehe Abb. Seite 44).

4 In die Mitte der Bodenplatte einen Nagel ca. 1 cm tief einschlagen, den Kopf mit einem Seitenschneider abzwicken, die untere Fläche der senkrecht stehenden Scheibe mit Leim bestreichen, auf die Bodenplatte setzen und beide Teile mit dem Hammer zusammenklopfen. Die obere Scheibe ebenso aufsetzen. Evtl. den ganzen Kerzenständer während der Trocknungsphase mit einer passenden Schraubzwinge zusammenpressen.

5 Die Kerze mit einem Wachsklebeplättchen aufsetzen. Alternativ einen weiteren abgekniffenen Nagel als Dorn oben einschlagen und die Kerze vorsichtig eindrücken.

Gesteck mit Hirsch

1 In die Haselnüsse am unteren Ende ein Loch bohren und ein ca. 10 cm langes Stück Steckdraht einkleben. Die Kiefernzapfen, Walnüsse und Zweige mit einem Stiel aus Steckdraht versehen.

2 Den Gesteckhalter mit Heißkleber auf der Birkenstammscheibe befestigen. Die Steckmasse aufsetzen, herunterdrücken und die Ecken mit einem Küchenmesser etwas abschrägen (siehe Abb.).

3 Am unteren Rand ringsherum die Tannenzweige waagerecht einstecken, dabei einige Lücken freilassen. Die jetzt noch sichtbare Steckmasse mit Moos bedecken. Hierzu das Moos mit einigen selbst zurechtgebogenen, u-förmigen Drahthaken (ca. 4 cm lang) fixieren.

4 An den Füßen des Hirschs jeweils ein ca. 4 cm langes Drahtstück anbringen und die Figur damit in das Gesteck drücken.

5 Weitere, etwas kürzere Tannen- und Buchszweige schön verteilt einstecken, anschließend die Nüsse und Tannenzapfen in kleinen Gruppen wie abgebildet befestigen.

6 Das Band zu einer Schleife legen und mit einem u-förmigen Drahthaken befestigen.

MOTIVHÖHE
ca. 13 cm

MATERIAL
- Birkenholzscheibe, 2 cm stark, ø 14 cm
- Birkenholzscheibe, 1,5 cm stark, ø 11,5 cm
- Birkenholzscheibe, 1 cm stark, ø 8 cm
- Metallglöckchen, vermessingt, ø 1,5 cm
- Acrylfarbe in Herbstrot (Antik)
- Klarlack
- Blumendraht in Braun, ø 0,35 mm
- Nägel, ø 1 mm, 2 cm bis 3 cm lang
- passende Kerze in Braun oder Karamell
- Bohrer, ø 1 mm
- Lochsäge, ø 2,4 cm
- Flachfeile (oder Schmirgelpapier, 80er Körnung)

VORLAGE SEITE 64

MOTIVHÖHE
ca. 17 cm

MATERIAL
- Birkenholzscheibe, 1 cm stark, ø 15 cm
- Deko- oder Spielzeug-Hirsch, ca. 12 cm hoch
- Gesteckhalter, ø 3 cm
- Steckform, 6 cm x 6 cm, 5 cm hoch
- Buchs- und Tannenzweige, ca. 10 cm bis 13 cm lang
- 3 kleine Kiefernzapfen
- 3 Walnüsse
- 5 Haselnüsse
- etwas Moos (zum Abdecken der Steckform)
- Deko-Band in Braun-Orange mit Bordürenmuster, 2 cm breit, 45 cm lang
- Steckdraht, ø 0,8 mm
- Küchenmesser
- Bohrer, ø 1 mm

Baumschmuck mit Edelweiß
→ ganz natürlich

MOTIVLÄNGE
Großer Anhänger ca. 22 cm
Kleiner Anhänger ca. 11 cm
Filz-Anhänger ca. 21 cm

MATERIAL
ALLE ANHÄNGER
- dünner Baumwollfaden oder Häkelgarn in Weiß oder Natur
- Bohrer, ø 2 mm

ZUSÄTZLICH
GROSSER ANHÄNGER
- Birkenholzscheibe, 8 mm stark, ø 5,5 cm
- Birkenholzscheibe, 6 mm stark, ø 2 cm
- 2 Holzperlen in Weiß, ø 8 mm
- Acrylfarbe in Weiß, Ocker und Hellbraun

KLEINER ANHÄNGER
- Birkenholzscheibe, 8 mm stark, ø 3,5 cm und 2 cm
- 2 Holzperlen in Weiß, ø 8 mm
- Metallknopf mit Edelweiß-Motiv, ø 1,8 cm

FILZ-ANHÄNGER
- Birkenholzscheibe, 8 mm stark, ø 2 cm
- Acrylfarbe in Beige
- Bastelfilzrest in Weiß
- 2 Holzperlen in Weiß, ø 8 mm
- 6 Rohholzperlen, ø 4 mm

VORLAGE SEITE 73

Großer Anhänger

1 Die große Birkenholzscheibe wie abgebildet zweimal durchbohren, die kleine nur einmal. Das Edelweiß in Weiß malen, die Stempel in Ocker und leichte Schattierungen in Hellbraun und Weiß auftragen.

2 Die Quaste wie folgt herstellen: Viele ca. 8 cm lange Fäden zurechtschneiden, bündeln und mittig über zwei doppelt gelegten Fäden zusammenlegen. Ein längeres Fadenstück mehrfach fest um die Quaste wickeln, gut verknoten und abschneiden. Zwei Fadenenden oberhalb der Quaste von vorne durch das Bohrloch fädeln und auf der Rückseite der Holzscheibe mit den zwei anderen Fadenenden verknoten.

3 Zwei weitere doppelt gelegte Fäden mittig durch das obere Bohrloch ziehen, nach etwa 2 cm verknoten und weiterlaufen lassen. Die erste weiße Holzperle auffädeln, dann die kleine Birkenholzscheibe. Die zweite Holzperle auffädeln und nach der gewünschten Länge einen weiteren Knoten für die Aufhängeschlaufe fertigen.

Kleiner Anhänger

Den kleinen Anhänger vom Grundprinzip her wie den großen Anhänger arbeiten, nur ohne Quaste und Edelweiß. Hier anstelle des Blumenmotivs den Metallknopf aufkleben, ggf. zuvor die Öse absägen oder abkneifen.

Filz-Anhänger

1 Das Edelweiß gemäß Vorlage aus zwei einzelnen Blüten herstellen. Mit dem Faden für die Aufhängung die sechs kleinen Perlen als Stempel aufnähen, die Fäden auf der Rückseite gut verknoten.

2 Zwei Fäden für die Aufhängung doppelt legen und wie bei den beiden Anhängern beschrieben weiterarbeiten: Erst eine Holzperle, dann die Birkenholzscheibe und anschließend die zweite Holzperle auffädeln.

3 Die vier Fäden auf der Rückseite der Edelweißblüte ggf. mit etwas Heißkleber fixieren. Mit Acrylfarbe in Beige einige Akzente auf der Filzblüte setzen.

Anwendungs-Tipp

Im Stil dieses Baumschmucks können Sie auch schnell eine Tischdekoration arbeiten. Für Namensschilder schräg geschnittene, naturbelassene Birkenholzscheiben mit Plusterstift beschriften. Für den Serviettenring naturfarbenen Papierdraht auf der Rückseite der Filz-Blüte annähen oder -kleben. Den Papierdraht stellenweise mit einem Bleistift oder Pinselstiel locken. Jutebänder und Tannenzweige dazu dekorieren.
Achtung: Edelweiß stehen unter Naturschutz und dürfen nicht gepflückt werden!

SCHÖNES FÜR TISCH UND BAUM

Kissen und Tischläufer
→ in der Schablonen-Technik

MOTIVGRÖSSE
Kissen ca. 40 cm hoch
Läufer ca. 60 cm lang

**MATERIAL
KISSEN UND TISCH-
LÄUFER**
- Stoffmalfarbe in Rot und Grün
- Stoffmalstift in Rot und Grün
- Schablonierpinsel, 1 cm breit
- einseitig klebende, transparente Adhäsionsfolie, 60 cm x 60 cm
- Bügeleisen
- flacher Teller

ZUSÄTZLICH KISSEN
- 2 Leinenkissen in Beige, 40 cm x 40 cm

**ZUSÄTZLICH TISCH-
LÄUFER**
- Leinentischläufer in Beige, 35 cm x 60 cm
- Textilfilz in Rot, 3 mm stark, A4
- 3 Hornknöpfe in Natur, ø 1,5 cm
- 3 Rohholzperlen, ø 8 mm
- Paketschnur, ø 1 mm, 3 x 30 cm lang
- Nähfaden in Natur

VORLAGE SEITE 68

Kissen

1 Für die Hirsch-Schablone ein 40 cm x 40 cm großes Quadrat aus der selbstklebenden Adhäsionsfolie ausschneiden, das Motiv mit Kopierpapier darauf übertragen und vorsichtig mit einer Nagelschere ausschneiden.

2 Die Klebefolie mit der ausgeschnittenen Fläche vom Untergrund lösen und auf das Kissen kleben. Achtung: Die Folie fest andrücken, damit beim Schablonieren keine Farbe unter die Folie auf den Stoff gelangt (siehe Abb.)!

3 Nun die rote Schablonierfarbe auf einen flachen Teller geben, sehr wenig Farbe mit dem Pinsel aufnehmen und sofort wieder gut abstreichen, damit nicht zu viel Farbe in den Borsten verbleibt. Es darf auf keinen Fall zu viel Farbe aufgetragen werden, da sie sonst verläuft oder ins Innere des Kissens fließt.

4 So lange vorsichtig mit dem Pinsel die Freiräume der Hirsch-Schablone betupfen, bis der Hirsch schön gleichmäßig eingefärbt ist. Dabei darauf achten, dass exakte Kanten entstehen. Während des Schablonierens nie Wasser verwenden, sondern den Pinsel nur mit einem trockenen Tuch abwischen. Die Schablone kann nach dem Malen sofort abgezogen und für vier bis fünf Kissen verwendet werden.

5 Das Herz mithilfe einer weiteren Schablone auf die vier Ecken des Kissens schablonieren. Das gesamte Motiv nun gut trocknen lassen. Die dünnen gewellten Linien mit Transparentpapier auf das Kissen übertragen und mit rotem Stoffmalstift exakt nachzeichnen.

6 Das Kissen mit dem Herz-Ranken-Motiv ebenso arbeiten: Die entsprechende Schablone herstellen und das Motiv wie abgebildet viermal auf das Kissen schablonieren. Die dünnen Linien bzw. Ranken mit grünem Stoffmalstift aufbringen. Gut trocknen lassen.

7 Die Kissen von der Rückseite nach Herstellerangaben bügeln. So wird die Farbe lichtbeständig und waschfest.

Tischläufer

1 Das Schablonen-Motiv wie bei den Kissen beschrieben auf den Läufer auftragen. Das Herz und die Blätter mit Stoffmalfarbe in Rot, die feinen Linien und Schnörkel mit Stoffmalstift in Grün gestalten. Vollständig trocknen lassen und den Läufer von der Rückseite nach Herstellerangaben bügeln.

2 Die drei Knöpfe in regelmäßigen Abständen von Hand auf den Läufer nähen.

3 Insgesamt sechs identische Herzen mithilfe einer Kartonschablone aus Filz ausschneiden. Je zwei Herzen zusammenkleben, dabei die doppelt gelegte Paketschnur, auf deren Enden eine Holzperle aufgezogen wurde, mit einkleben. Die Herzen an die Knöpfe hängen.

SCHÖNES FÜR TISCH UND BAUM

WEIHNACHTEN IN DEN BERGEN

Alte Bräuche

Wer in der Weihnachts- und Winterzeit schon einmal in den Bergen war, der weiß, welch malerischer Zauber dann über dem Land liegt: Berghänge, Wiesen und Tannenwälder ruhen unter einer dicken, weichen Schneedecke. Glitzernde Eiszapfen hängen von den Dächern der Bauernhäuser und Skihütten, aus deren Fenstern mit Beginn der Dämmerung warmes, weiches Licht erstrahlt. Doch nicht nur die Schönheit der Natur und das heimelige, natürliche Flair der vielen kleinen Ortschaften und Weiler machen das Alpenland so reizvoll.

Brauchtümer und Traditionen

In vielen Gebieten Österreichs, Südbayerns, der Schweiz und im Oberallgäu existiert heute noch eine Vielzahl an Weihnachts- und Adventsbräuchen, die auf eine lange, interessante Geschichte zurückblicken können.
Vor allem in Tirol haben sich über Hunderte von Jahren einige typische Traditionen erhalten. Neben dem klassischen Advents- und Weihnachtssingen, besinnlichen Abenden mit volkstümlicher Stubenmusik und Krippenspielen, die vielerorts mit großer Begeisterung und viel Liebe organisiert werden, spielen uralte Bräuche wie die Raunächte und der Perchtenlauf eine große Rolle.

Ihr Ursprung lässt sich teilweise bis auf die Germanen und Kelten zurückverfolgen. Meist geht es dabei richtig wild und gruselig zu ...

Die zwölf wilden Raunächte

Bis heute hat sich in den Alpenländern der Brauch der Raunächte erhalten. Nach dem Glauben unserer Vorfahren standen die Nächte am Ende eines alten und am Beginn eines neuen Jahres unter dem verstärkten Einfluss böser Mächte und Gewalten. Diese zwölf Nächte, auch „Rauchnächte" oder die „Zwölften" genannt, liegen zwischen dem 21. Dezember und 6. Januar. Die Bezeichnung „Rauchnächte" erinnert daran, dass man dem üblen Treiben der bösen Geister und Dämonen dadurch Einhalt gebieten wollte, indem in der Thomas-Nacht (die Nacht auf den 21. Dezember), der Christnacht sowie in der Silvester- und Neujahrsnacht die Wohnräume und Ställe mit Kräutermischungen ausgeräuchert wurden. Nach altem Volksglauben waren die zwölf Raunächte die geheimnisvollste Zeit des Jahres, denn zwischen dem Tag des Hl. Thomas und Dreikönig tobte die „Wilde Jagd", ein Geisterheer, über das Land. Seit jeher gelten die Raunächte im Volksglauben aber auch als Losnächte, in denen sich Glück und Unglück des kommenden Jahres durch das Los voraussagen lassen.

Weihnachtsstimmung in den Bergen

Gruselige Gestalten: Schiachperchten in Tirol

Die Perchten sind los!

Im Zusammenhang mit den gruseligen, wilden Raunächten sind auch die spektakulären Perchtenläufe zu erwähnen. In vielen Gegenden des (Vor-)Alpenlandes versammeln sich in der Perchtnacht vom 5. auf den 6. Dezember und in der Silvesternacht Männer und Frauen von Perchtenbünden zum Perchtenlauf. Sie verkleiden sich entweder als schöne Perchten (die Holden) oder als schiache Perchten („schiach" bedeutet im österreichischen Wortgebrauch hässlich) bzw. Schiachperchten – die eigentlichen Perchten. Während die Holden schöne Masken tragen, sind die Schiachperchten mit Teufels- und Hexenfratzen oder Tierköpfen und Bockshörnern maskiert und in weite, zottige Pelzkleider gehüllt. So vermummt, rennen und hüpfen sie lärmend durch die Straßen und führen Geheimtänze auf. Das wilde Spektakel soll nach alter Tradition die bösen Geister vertreiben, die ja in dieser Zeit ihr Unwesen treiben. Die stampfenden Schritte sollen Tiere und Pflanzen zur Fruchtbarkeit anregen. Das Dröhnen der Trommeln vermischt sich mit dem Lärm ihrer großen Schellen, dem Pfeifen der Flöten und den zauberhaften Lauten ihrer Glockenspiele. Wollen die Schiachperchten jeden erschrecken, der ihnen über den Weg läuft, singen oder sprechen die Schönperchten Glückwünsche auf Menschen, Tiere und Wohnstätten. Bei großen Perchtentreffen geistern heute mitunter bis zu 1000 gruselige Gestalten durch die Straßen!

Bärbele-Springen und Rumpelklausen

Im Oberallgäu hat sich seit Jahrhunderten ein ähnlicher Brauch erhalten: Anfang Dezember sorgen dort das Bärbele-Springen und das wilde Treiben der Rumpelklausen für Furore. Beim Bärbele-Springen haben ausschließlich die Frauen das Sagen: Als alte, hässliche „Weiber" verkleidet ziehen sie am 4. Dezember – dem Tag der Heiligen Barbara – mit Weidenruten durch die Straßen, um den einen oder anderen Hieb zu verteilen und die Kinder mit Äpfeln und Nüssen zu beschenken. Die in Felle gehüllten und mit ihren großen, um den Bauch gebundenen Schnellen recht furchterregend aussehenden Rumpelklausen jagen wie die Perchten am 5. und 6. Dezember durch Ortschaften und Dörfer. Wenn am Nikolaus-Abend laute Böllerschüsse zu hören sind, ziehen die finsteren, kettenrasselnden und rutenschwingenden Unholde in Rudeln aus. Vor allem kleinen Kindern jagen die stattlichen Rumpelklausen oft große Angst ein. Doch der Heilige Nikolaus, der ja von diesen finsteren Gesellen begleitet wird, tröstet sie dann mit kleinen Geschenken. Die zotteligen Nikolausbegleiter erscheinen von Region zu Region in unterschiedlichen Gestalten: Der bekannteste unter ihnen ist wohl Knecht Ruprecht, der aufgrund seines dicken Pelzgewandes auch Pelz-Percht genannt wird.

Das „Krippele schauen" in Tirol

In vielen Dörfern Tirols ist es ein gern gesehener Brauch, dass Gäste und Einheimische in die Stuben der Bauernhäuser kommen, um die schönsten Krippen in der Gegend zu besichtigen. Hängt an einem Haus ein Tannenzweig, darf man hineingehen und die Krippe anschauen. Meist werden die Gäste, vor allem auch die Kinder, von den Hausleuten mit Plätzchen und Getränken bewirtet. Die oftmals selbst gebauten und sehr großen Krippen sind richtige Kunstwerke, die viele kleine Szenen zeigen und mit liebevollen Details ausgestattet sind. So manche Krippe misst da schon einmal ein bis zwei Meter Breite! Die enge Verbundenheit mit dem christlichen Glauben ist der Ursprung für die große, beständige Tradition des Krippenbaus in den Alpenländern. In vielen Städten und Gemeinden gibt es wunderbare Krippen-Museen, in denen nicht nur alpenländische, sondern auch Krippen aus aller Welt in den unterschiedlichsten Stilen zu bewundern sind. Im Volkskunstmuseum in Innsbruck z. B. zeigt eine Ausstellung die Entwicklung der Krippe in Tirol: Von der einfachen Krippe aus Karton bis hin zur aufwändigen, typisch alpenländischen Krippe mit filigran geschnitzten Figuren sind dort das ganze Jahr über zahlreiche Kunstwerke zu bestaunen.

Krippe im typisch alpenländischen Stil

SCHÖNE GESCHENKIDEEN

Zum Nikolaus-Fest und an Heilig Abend möchten wir unseren Familien und Freunden eine besondere Freude machen. Darum haben wir in diesem Kapitel Ideen für Kartengrüße, Geschenkanhänger und liebevolle Präsente zusammengetragen.

SCHÖNE GESCHENKIDEEN

Weihnachtskarte
→ mit Eiskristall

MOTIVHÖHE
ca. 17 cm

MATERIAL
- Doppelkarte in Dunkelrot, 12 cm x 17 cm
- Fotokartonreste in Rot, Beige und Weiß
- Plusterstift in Weiß
- Zackenschere

VORLAGE SEITE 66

1 Die Einzelteile für die Karte gemäß Vorlage ausschneiden: Dabei das weiße Quadrat etwa 2 mm größer als das kleine rote Quadrat ausschneiden. Das große weiße Quadrat etwa 5 mm größer als das beigefarbene Quadrat mit der Zackenschere ausschneiden.

2 Den Eiskristall auf das kleine rote Quadrat malen und mit Plusterstift Punkte als Akzente setzen. Auf den beigefarbenen Karton vier rote Herzen und weiße Wellenlinien mit Filz- und Lackmalstift aufmalen. Die Fotokartonstücke wie abgebildet aufeinander kleben.

3 Die Karte mit einem weißen, aufgemalten Herz verzieren und das fertige Motiv aufkleben.

Geschenkanhänger
→ schnell gemacht

MOTIVHÖHE
ca. 9 cm

MATERIAL
- Fotokartonreste in Rot, Beige und Weiß
- Plusterstift in Weiß
- Zackenschere
- Paketschnur in Natur, ø 1 mm
- Bürolocher

VORLAGE SEITE 66

1 Alle Einzelteile gemäß Vorlage ausschneiden. Das Fotokartonquadrat in Beige etwa 5 mm größer als das rote Quadrat mit der Zackenschere ausschneiden.

2 Das weiße Herz aus Fotokarton aufkleben, die Verzierungen mit Lackmalstift auftragen und in die Ecken kleine Punkte mit Plusterstift setzen.

3 Die Einzelteile wie abgebildet zusammenkleben, den Aufhänger auf der Rückseite aufkleben und lochen. Ein Stück Paketschnur zum Anbinden hindurchfädeln.

Lustige Mini-Rucksäcke
→ vielseitig verwendbar

MOTIVHÖHE
ca. 8 cm

**MATERIAL
RUCKSACK MIT GLÖCKCHEN**
- Bastelfilz in Hellgrau, 16 cm x 16 cm
- Bastelfilz in Dunkelgrau, 8 cm x 4 cm (Lasche)
- Bastelfilz in Dunkelgrau und Dunkelgrün, je 2 x 1 cm x 10 cm (zwei Träger und zwei Zackenbordüren)
- Bastelfilz in Dunkelgrau, 5 mm x 6 cm (Aufhängeschlaufe)
- Zackenschere
- Stickgarn in Grün
- Metallglöckchen in Grün, ø 1,1 cm

**VORLAGE
SEITE 65**

1 Alle Einzelteile aus Filz gemäß Vorlage ausschneiden, die kreisförmige Grundform für den Rucksack misst ø 15 cm. Die Lasche und zwei Streifen für die Verzierung der Tragegurte (ca. 6 mm breit) mit der Zackenschere zuschneiden.

2 Den Rucksackbeutel gemäß Vorlage anfertigen: Den zugeschnittenen Filzkreis entsprechend der Markierung nach innen klappen. Die Form ähnelt nun einer Kaffeefiltertüte. Auf der Mitte der Vorderseite beginnend das Säckchen mit Heftstichen (1) zunähen. An der markierten Stelle nach hinten durchstechen (siehe Abb.) und dort weiternähen (2). Auf der anderen, eingeklappten Seite wieder nach vorne durchstechen und die Ziernaht bis zur vorderen Mitte weiterführen. Den Rucksack raffen, zubinden und die beiden Fadenenden verknoten, damit sie nicht ausfransen.

3 Die Zackenlitze auf die Träger kleben, dann Träger und Aufhängeschlaufe wie abgebildet ankleben. Das Glöckchen auf die Lasche nähen.

4 Die beiden anderen Rucksäcke werden auf dieselbe Weise hergestellt: Der Rucksack mit Hornknopf (ø 1,5 cm) ist ebenfalls aus hellgrauem Filz gearbeitet. Er hat eine grüne Lasche und zusätzlich eine ca. 8 mm breite „Zackenlitze" aus Filz auf der Innenseite der hellgrauen Träger. Für die Variante im Schweiz-Design dunkelgrauen und roten Filz verwenden und ein kleines Kreuz aus weißem Filz auf die Lasche kleben. Das dünne Zackenband ist aus rotem Filz gearbeitet.

Einkaufs-Tipp

Wenn Sie als Dekoration ein Rehgeweih suchen, hilft Ihnen sicher Ihr ortsansässiger Förster weiter.

Anwendungs-Tipp

Mit Geld, Süßigkeiten oder sogar Schmuck gefüllt sind die Mini-Rucksäcke eine schöne Geschenkidee. Sehr schön wirken sie auch als Tischdeko, die Ihre Gäste gerne als Erinnerung mit nach Hause nehmen.

SCHÖNE GESCHENKIDEEN

Heute kommt der Nikolaus!
→ dekorative Rute und süßes Säckchen

MOTIVHÖHE
Säckchen ca. 33 cm
Filzherz ca. 8 cm
Filzstern ca. 9,5 cm
Stoffherz ca. 5 cm
Keksherz ca. 4 cm

MATERIAL RUTE
- Ast bzw. Zweig, z. B. Birke oder Haselnuss

ZUSÄTZLICH PRO FILZHERZ
- Formfilzreste in Rot und Weiß
- Zackenlitze in Weiß, 4 mm breit, 14 cm lang
- Satinband in Rot, 3 mm breit, 30 cm lang
- Holzperle in Weiß, ø 8 mm
- Permanentmarker in Rot

PRO FILZSTERN
- Formfilzrest in Rot
- 5 gleich große Kürbiskerne
- 5 gleich lange Nelken
- je 1 Holzperle in Rot und Natur, ø 8 mm
- Paketschnur in Natur, ø 1 mm

PRO KEKSHERZ
- Keks in Herzform, 4 cm hoch

- Holzperle in Rot, ø 8 mm
- Deko-Band in Rot-Weiß kariert, 5 mm breit, 30 cm lang

PRO STOFFHERZ
- wattiertes Stoffherz in Rot-Weiß kariert, 5 cm hoch
- Satinband in Rot, 3 mm breit, 30 cm lang
- Holzherz in Rot-Weiß, 2,5 cm hoch
- Holzperle in Natur, ø 8 mm

SÄCKCHEN
- Jutesack, 25 cm x 33 cm
- Formfilzreste in Rot und Weiß
- Deko-Band in Rot-Weiß kariert, 2,5 cm breit, 20 cm lang
- Satinband in Rot, 3 mm breit, 80 cm lang
- Holzplatine, ø 2,5 cm
- Permanentmarker in Rot
- Plusterstift in Schwarz und Weiß

VORLAGE SEITE 64/65

Rute

1 Für den Stern die entsprechende Form aus Formfilz ausschneiden und wie abgebildet mit Kürbiskernen, Nelken und der Holzperle verzieren. Darauf achten, dass die Einzelteile gleichmäßig aufgeklebt werden! Mit einer dicken Nähnadel den Stern an einer Spitze durchstechen, die Paketschnur hindurchfädeln, die Holzperle auf beide Enden aufziehen und die Schnur zu einer Aufhängung verknoten.

2 Die Einzelteile für das Herz aus Filz ausschneiden und zusammenkleben. Die Zackenlitze passend zurechtschneiden und aufkleben. Drei rote Herzen aufmalen. Wie beim Stern beschrieben die Aufhängung arbeiten.

3 Mit einer dünnen Nähnadel durch das Stoffherz stechen und das Satinband für die Aufhängung durchziehen. Die Perle auf beide Bandenden auffädeln und das Band verknoten. Das Holzherz mit Heißkleber befestigen.

4 Die Kekse mit einer dicken Nadel vorsichtig durchstechen und das Karoband hindurchziehen. Wie bei den anderen Anhängern beschrieben weiterarbeiten.

5 Die Anhänger schön verteilt an den Ast bzw. Zweig hängen.

Säckchen

1 Sämtliche Einzelteile gemäß Vorlage aus Formfilz ausschneiden. Dabei das Innenteil des weißen Bart-Mützenteils am besten mit einer Nagelschere ausschneiden.

2 Den Formfilz für die Mütze gemäß Herstellerangaben befeuchten und wie abgebildet umbiegen. Gut trocknen lassen.

3 Das Karoband wie abgebildet mit etwas Heißkleber fixieren, die Formfilzteile arrangieren und ebenfalls festkleben.

4 Die Holzplatine in Rot bemalen, trocknen lassen und mit Plusterstift in Weiß einen kleinen Lichtpunkt aufsetzen. Die Augen mit schwarzem Plusterstift aufmalen.

5 Das dünne Satinband mithilfe einer Nähnadel etwa 7 cm vom oberen Rand entfernt in regelmäßigen Abständen durch das Säckchen ziehen. Das Säckchen etwas raffen und mit den Bandenden zubinden. Die Bandenden am besten verknoten, damit sie nicht ausfransen.

SCHÖNE GESCHENKIDEEN

Auf der Piste ist was los!
→ flotte Winterwichtel

SCHÖNE GESCHENKIDEEN

Skifahrer

1 Für die Skier den Bastelspan ggf. in 4 x 2 Stücke zu je 15 cm Länge mit der Schere zuschneiden. Jeweils zwei Stücke links auf links bündig aufeinander legen und mit Cutter und Lineal auf eine Breite von 1,5 cm zurechtschneiden. Die Spitze zuschneiden.

2 Je zwei Spanstreifen zusammenleimen. Die Spitze vorsichtig nach oben biegen, mit einer Wäscheklammer fixieren und in dieser Position trocknen lassen. Evtl. jeden Ski mit einer Schraubzwinge zwischen zwei kleinen Brettern zusammenpressen. Nach dem Trocknen die Ränder mit Schleifpapier (240er Körnung) glätten.

3 Die Schaschlikspieße mit dem Seitenschneider auf 4 x 8 cm Länge kürzen. Die Holzscheibchen durchbohren, die Schaschlikspieße durchstecken, evtl. mit Klebstoff fixieren.

4 Für den Jungen einige 5 cm lange Wollfäden zuschneiden, den Kopf oben ringförmig mit Klebstoff bestreichen und die Haare ringsherum ansetzen. Dann die Frisur gestalten. Die Hose und den Pullover gemäß Vorlage ausschneiden und von Hand oder mit der Nähmaschine (Einstellung: 3) zusammennähen.

5 Das Gesicht auf die Holzkugel malen: Mit Filzstift Farbe auf ein angefeuchtetes Wattestäbchen tupfen und damit die Wangen röten.

6 Für die Mütze vom Strickschlauch 1 cm abbinden, den unteren Rand 2 cm breit einschlagen und auf dem Kopf festkleben. Das Püppchen anziehen, den Hosenbund ggf. mit ein paar Heftstichen zusammenraffen, Kopf aufkleben und den ausgeschnittenen Schal umbinden.

7 Das Mädchen vom Grundprinzip her wie den Jungen herstellen. Für die Haare einen Zopf aus sechs 20 cm langen Wollfäden flechten, mit rotem Garn beidseitig abbinden und wie abgebildet auf den Kopf kleben. Ca. fünf bis sechs 2 cm lange Wollfäden abschneiden und als Pony aufkleben. Das Gesicht wie oben beschrieben gestalten, ebenso die Mütze herstellen.

8 Die vier Strickschläuche an beiden Enden 1,5 cm weit nach innen umschlagen und mit Klebstoff fixieren. Je zwei davon auf Arme und Beine ziehen. Die „Hosenbeine" am Körper festkleben, damit sie nicht rutschen. Den Poncho zuschneiden, Knopf aufnähen und Zackenlitze aufkleben. Den Umhang anziehen und unter den Armen mit je einem Stich zunähen. Den Kopf aufkleben und den Schal umbinden.

9 Die fertigen Püppchen auf die Skier kleben und die Stöcke mit Heißkleber fixieren.

MOTIVHÖHE
alle Figuren ca. 12 cm

MATERIAL SKIFAHRER-MÄDCHEN UND -JUNGE
- 2 Holzpüppchen aus Sisal mit Kopf, je 10 cm hoch
- Bastelspan, 2 cm breit, 8 x 15 cm lang
- 2 Schaschlikspieße
- 4 Holzscheiben, 2 mm bis 3 mm stark, ø 1 cm
- Strickschlauch in Rot, 3 cm breit, 2 x 6 cm lang
- Stickgarn in Rot
- Wolle in Creme (für die Haare)
- Nähfaden in Grün
- Bohrer, ø 3 mm
- Wäscheklammer
- ggf. Nähmaschine

ZUSÄTZLICH SKIFAHRER-JUNGE
- Bastelfilz in Dunkelgrün 1 cm breit, 10 cm lang (Schal)
- Fleece-Stoff in Rot, 10 cm x 10 cm (Pullover)
- Fleece-Stoff in Grün, 7 cm x 14 cm (Hose)

ZUSÄTZLICH SKIFAHRER-MÄDCHEN
- Strickschlauch in Rot, 1,5 cm breit, 2 x 5 cm lang (Arme) und 2 x 7 cm (Hosenbeine) lang
- Fleecestoff in Dunkelgrün, 8 cm x 13 cm (Poncho)
- Bastelfilz in Rot, 1 cm breit, 10 cm lang (Schal)
- Zackenlitze in Rot, 4 mm breit, 40 cm lang
- Knopf in Rot, ø 8 mm

SCHLITTEN-FAHRER
- Holzkugel ø 2,5 cm (mit Bohrung)
- Chenilledraht in beliebiger Farbe, 28 cm (Körper) und 14 cm lang (Arme)
- 2 Holzhände, 1,8 cm x 1 cm
- 2 Holzfüße, 2 cm x 1,5 cm
- Acrylfarbe in Rot
- Strickschlauch in Rot, 1,5 cm breit, 2 x 10 cm lang (Hose)
- Strickschlauch in Rot, 3 cm oder 2,2 cm breit, 7 cm lang (Körper)
- Bastelfilz in Grün, 7 cm x 7 cm (Mütze) und 10 cm x 10 cm (Jacke)
- Zackenlitze in Rot, 4 mm breit, 30 cm lang
- dünne Wolle in Braun (Haare)
- Nähfaden in Grün
- ggf. Nähmaschine
- Bastelfilz in Rot, 1 cm x 10 cm (Schal)
- Holzschlitten, 8,5 cm x 3,3 cm x 2,2 cm
- Metallglöckchen, vermessingt, 1,2 cm lang
- Satinkordel in Rot, ø 2 mm, 12 cm lang

VORLAGE SEITE 66

→ WEITERFÜHRUNG

Auf der Piste ist was los!

Schlittenfahrer

1 Gemäß Abb. unten den langen Chenilledraht mittig knicken, 2 cm vom oberen Ende entfernt den kürzeren Draht für die Arme mittig herumschlingen und verzwirbeln, im mittleren Teil (Bauch) die beiden Drähte miteinander verdrehen. Die Haare wie beim Skifahrer gestalten, das Gesicht aufmalen und die Hände rot bemalen.

2 Die Enden der Strickschläuche jeweils 2 cm nach innen umschlagen und festkleben. Die schmalen Strickschläuche über die Beine, den breiteren von oben her über den Körper ziehen. Mütze und Jacke gemäß Vorlage ausschneiden und zusammennähen, danach wenden. Die Vorderseite der Jacke in der Mitte aufschneiden, wie abgebildet an der unteren Kante Rundungen zuschneiden und die Zackenlitze aufkleben.

3 Kopf, Hände und Füße aufstecken, mit Klebstoff fixieren. Das Püppchen auf den Schlitten setzen. Das Glöckchen festbinden, ebenso die Schlittenleine. Diese locker weiterführen und um die Hand der Figur binden.

Flauschiger Filzstiefel

→ zum Dekorieren oder Verschenken

MOTIVHÖHE
ca. 21 cm

MATERIAL
- Bastelfilz in Hellgrau, 2 x 20 cm x 15 cm (Stiefel) und 1 x 3 cm x 4 cm (Flicken)
- Bastelfilz in Dunkelgrün, 20 cm x 7 cm (Stulpe) und 6 cm x 8 cm (Flicken)
- Zackenschere
- Stickgarn in Grün
- 3 Hornknöpfe mit Edelweiß aus Metall, ø 1,2 cm
- Stecknadeln
- Papprest (ca. 7 cm x 16 cm)

VORLAGE SEITE 67

1 Die beiden Bastelfilzstücke in Grau aufeinander legen, mit Stecknadeln fixieren, die Stiefelform gemäß Vorlage darauf übertragen und doppelt mit der Zackenschere ausschneiden.

2 Die zwei dunkelgrünen Rechtecke für die Stulpe (eine lange Kante mit der Zackenschere nachschneiden) gemäß Vorlage auf den Innenseiten der Stiefelteile festkleben. Dann die beiden Stiefelhälften an der Naht zusammenkleben und anschließend mit gleichmäßigen Heftstichen zusammennähen. Dafür nur drei Fäden des Garns verwenden.

3 Die beiden Stulpen nach außen klappen, evtl. nachschneiden und die seitlichen Ränder zusammennähen.

4 Die beiden Flicken mit der Zackenschere zuschneiden, mit einigen Tropfen Kleber fixieren und wie abgebildet mit Heftstichen verzieren. Dafür ein Stück Pappe in den Stiefel schieben, damit Vorder- und Rückseite dabei nicht versehentlich zusammengenäht werden.

5 Zuletzt die drei Hornknöpfe aufnähen.

Anwendungs-Tipp

Das Filzstiefelchen ist nicht nur eine hübsche Geschenkidee zum Nikolaus-Tag, sondern auch an der Wand oder an einer Tür sehr dekorativ! Für die Aufhängung ein farblich passendes, stabiles Deko-Band zu einer Schlaufe legen und von Hand oder mit der Nähmaschine hinten am Filzstiefel festnähen.

SCHÖNE GESCHENKIDEEN

Rustikale Spandose
→ mit wunderschönem Blumenmotiv

MOTIVHÖHE
ca. 5 cm

MATERIAL
- Spandose, ø 17 cm, 5 cm hoch
- Acrylfarbe in Rot, Weiß und Hellbraun
- Haarpinsel Nr. 2

VORLAGE SEITE 72

1 Den Dosendeckel abnehmen, den Rand rot bemalen und gut trocknen lassen. Achtung: Die Farbe darf dabei nicht zu flüssig sein, da sie sonst leicht verläuft.

2 Das Motiv gemäß Vorlage auf den Dosendeckel und -rand übertragen. Das filigrane Muster mit einem sehr feinen Haarpinsel in Weiß aufmalen, die kleinen Herzen in Hellbraun.

3 Auf den Dosendeckel zuerst die beiden geschwungenen Linien in Hellbraun aufmalen und gut trocknen lassen. Anschließend das Muster in Rot aufmalen, dabei die tropfenförmige weiße Fläche im Inneren der Blüte aussparen. Wiederum gut trocknen lassen.

4 Den Tropfen in sattem Weiß ausmalen und gut trocknen lassen. Anschließend die braunen Punkte aufsetzen. Dafür die Spitze des Pinselstiels kurz in die Acrylfarbe tauchen und die Punkte vorsichtig auftupfen. Die Farbe sollte auch hier nicht zu dünnflüssig sein.

Bilderrahmen
→ einfach, aber wirkungsvoll

MOTIVHÖHE
ca. 28 cm

MATERIAL
- Holzrahmen in Natur, 23 cm x 28 cm
- Acrylfarbe in Weiß und Rot
- Haarpinsel Nr. 2

VORLAGE SEITE 72

Das Motiv gemäß Vorlage übertragen. Mit weißer und roter Acrylfarbe wie bei der Dose beschrieben aufmalen.

Verzieren Sie auch andere Gegenstände oder sogar helle Möbel mit diesen wunderschönen, zeitlosen Motiven. Passen Sie einfach die Vorlagengröße durch größer oder kleiner Kopieren an!

SCHÖNE GESCHENKIDEEN

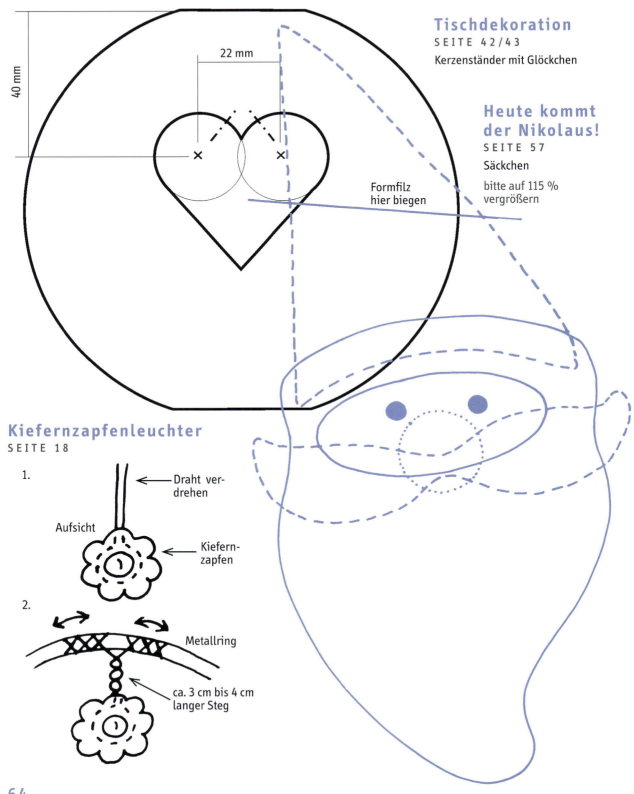

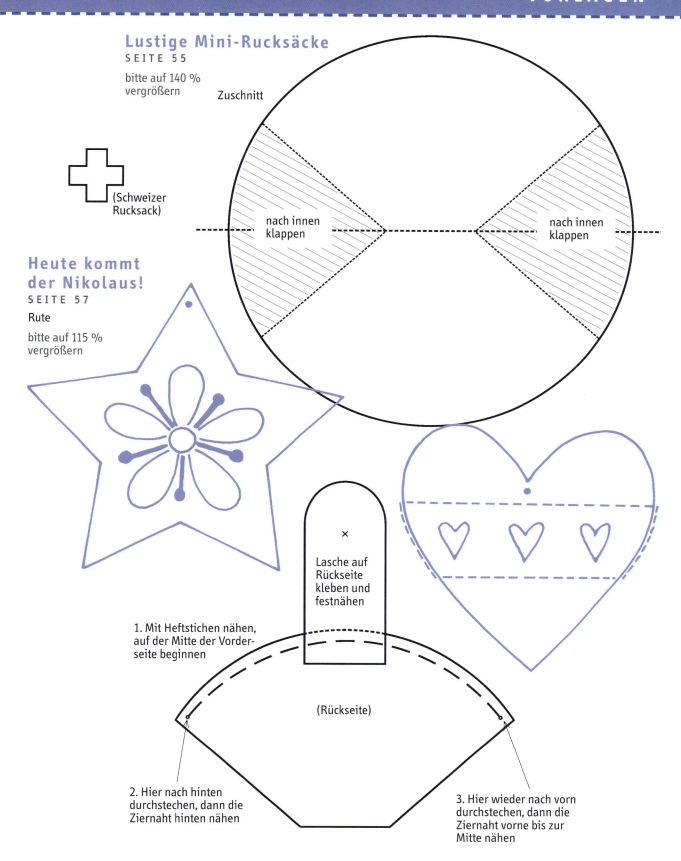

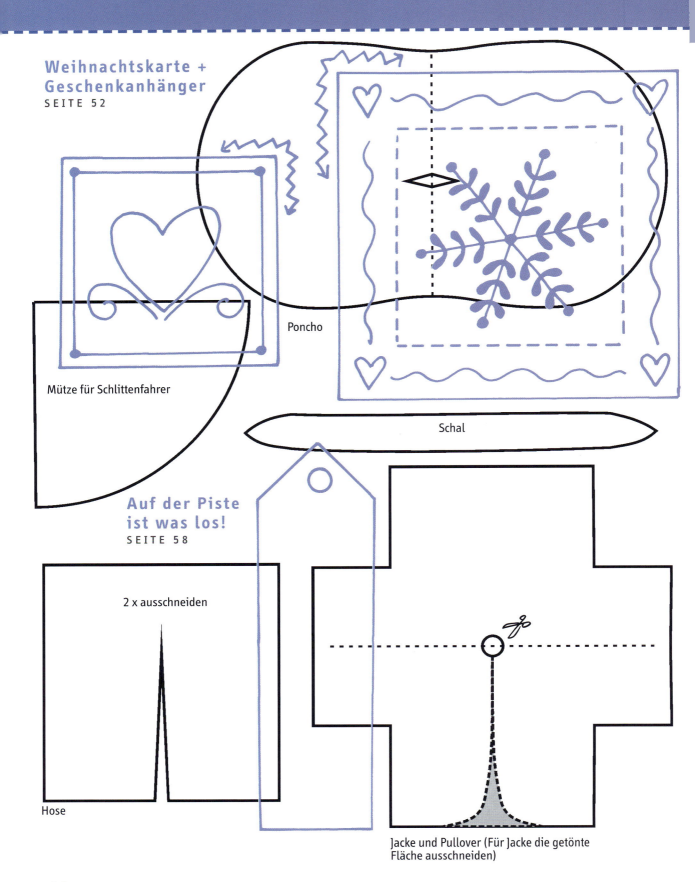

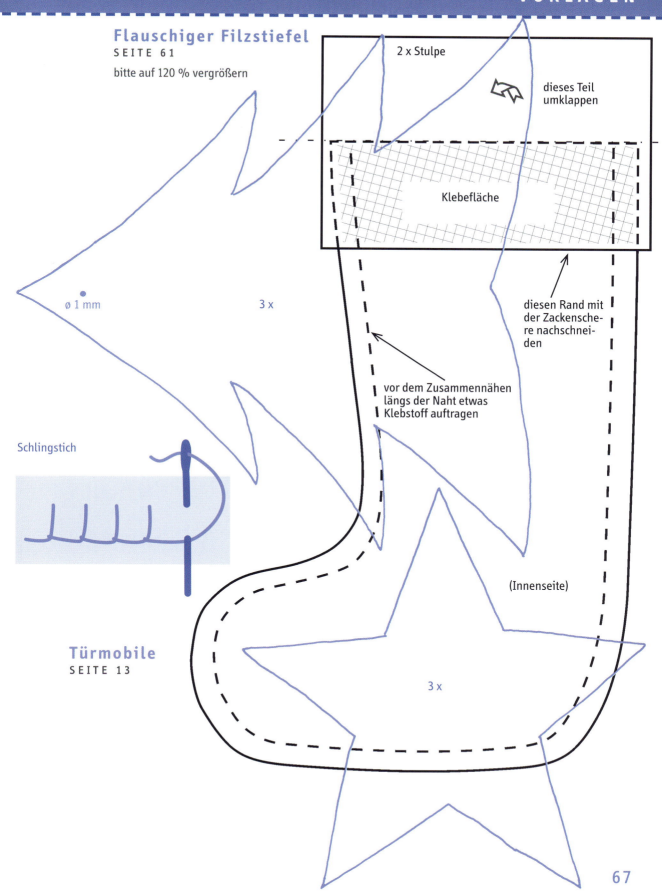

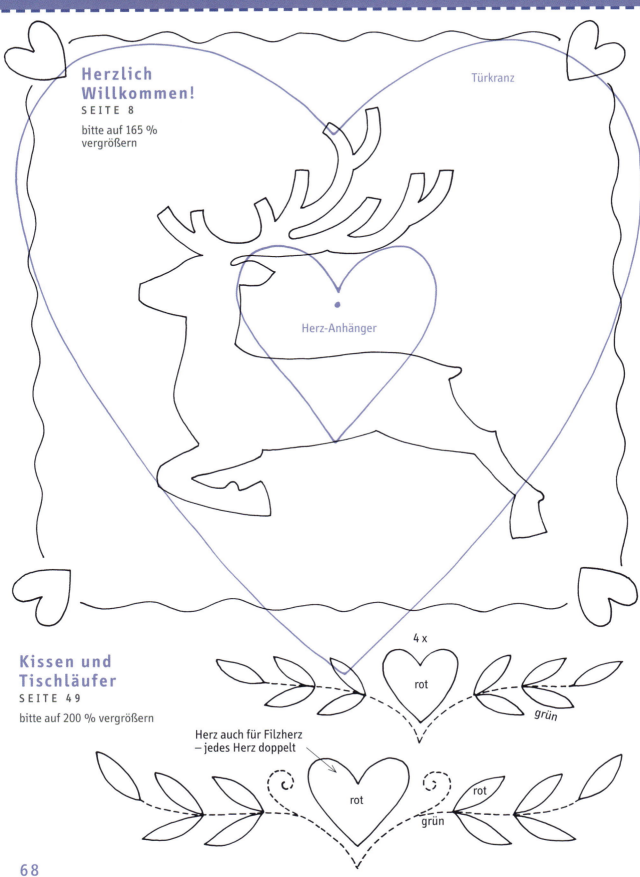

VORLAGEN

Herzstecker
SEITE 11

Bitte auf 185 % vergrößern

Winterlandschaften
SEITE 31

Fensterbild

bitte auf 185 % vergrößern

dunkelblau

weiß

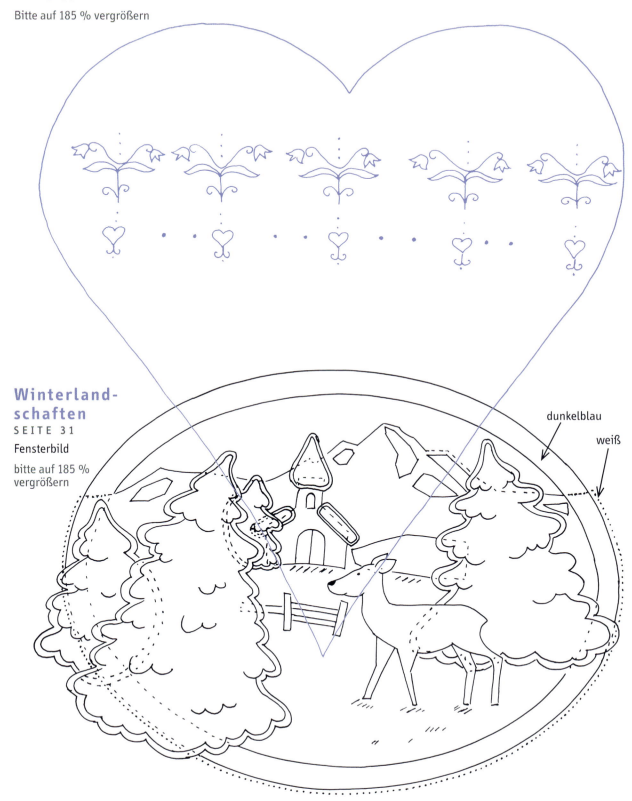

69

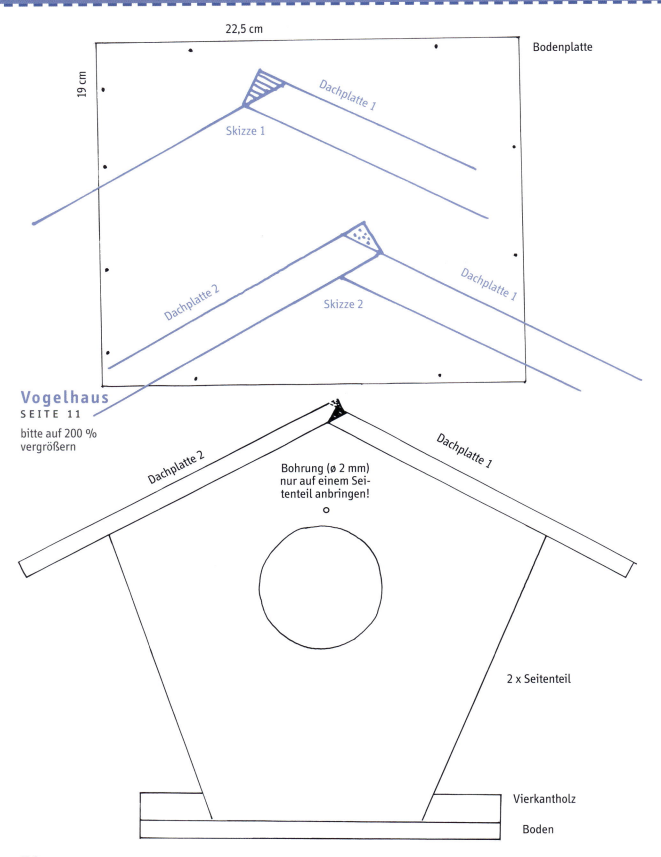

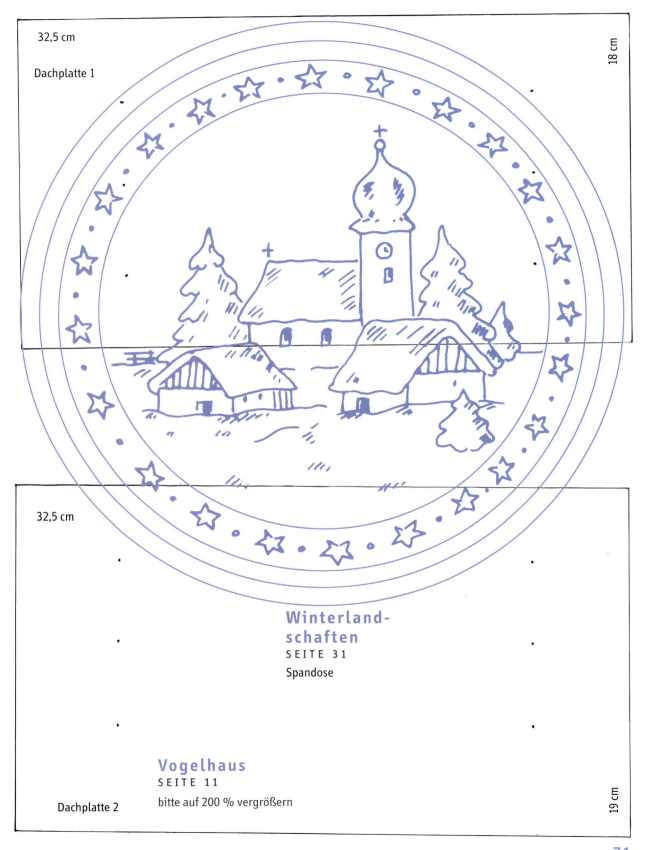

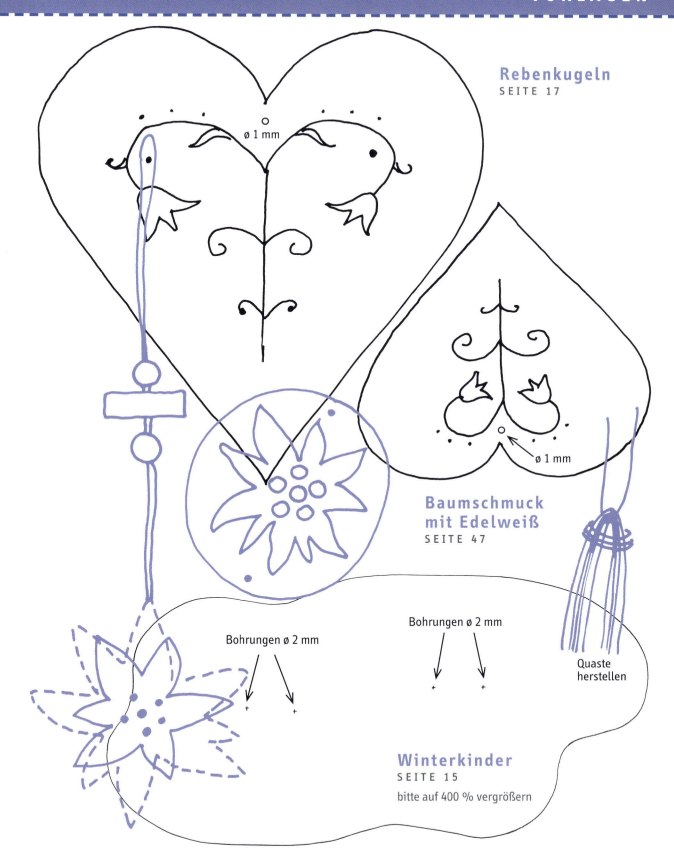

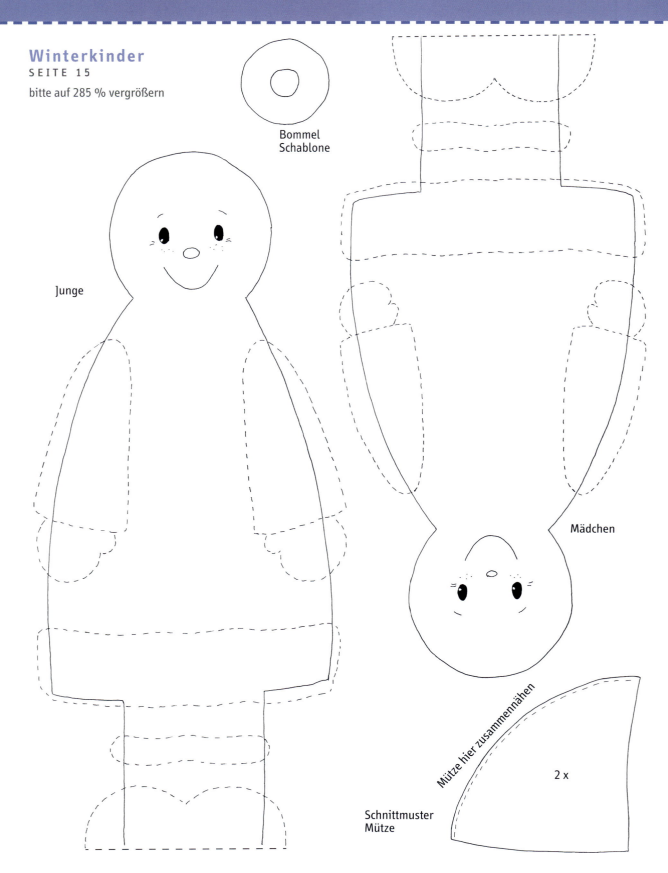

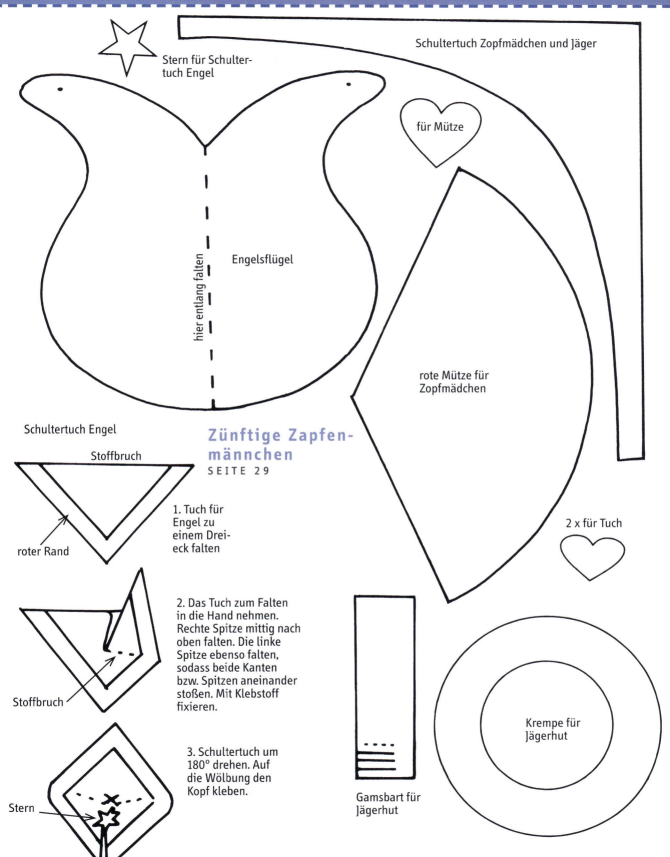

Winteruhr
SEITE 23
bitte auf 125 % vergrößern

1 x

2 x

Deko-Kette
SEITE 41

VORLAGEN

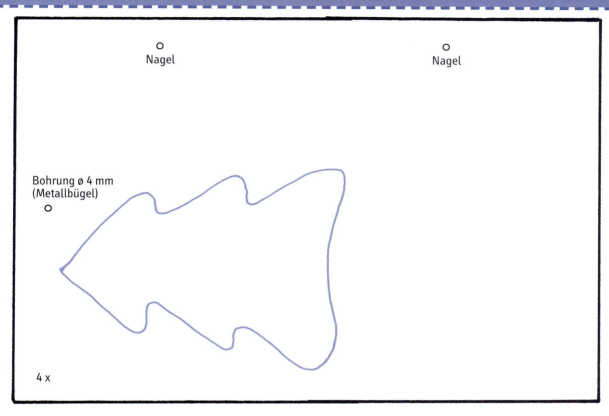

Nagel Nagel
Bohrung ø 4 mm (Metallbügel)
4 x

Gewürzlaterne
SEITE 27

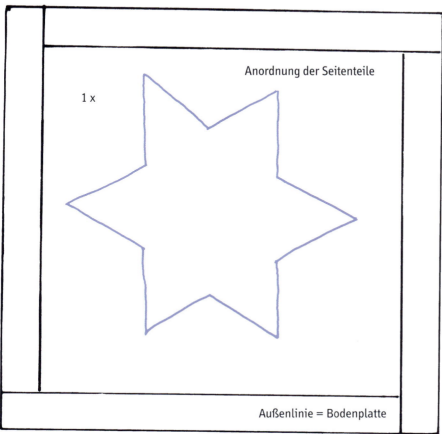

Anordnung der Seitenteile
1 x
Außenlinie = Bodenplatte

Muster Filzsterne

Fenstergirlande
SEITE 27

Christbaumschmuck
SEITE 38

Rillenverlauf
Befestigung der Aufhängung
Wellpappe

Für die im Buch auf Seite 32/33 dargestellte Krippe kann vom Autor ein kompletter Bausatz mit allen Holzbauteilen einschließlich der Brettchen für den Bretterverschlag entsprechend der jeweiligen Stückliste bezogen werden. Nähere Infos unter www.bayerische-krippen.de oder unter Tel. 0 84 41/8 48 77 oder Fax 0 84 41/49 88 76.

IMPRESSUM

MODELLE: Pia Pedevilla (S.8/9, 38-41, 46-49, 52/53, 56/57, 62/63); Karl-Heinz Reicheneder (S. 32-37); Alice Rögele (S. 10-17, 24, 26/27); Heidrun und Hans H. Röhr (S. 42-45, 54/55, 58-61); Eva Sommer (S. 18-23, 25, 28-31)

PROJEKTMANAGEMENT UND LEKTORAT: Susanne Kuhn

LAYOUT: Karoline Steidinger

FOTOS: frechverlag GmbH, 70499 Stuttgart; Fotostudio Ullrich & Co., Renningen; Foto Rapid, Bruneck/Südtirol (S. 8/9, 38, 41, 46-49, 52, 57, 63); Gisela Reicheneder (S. 35, 36/37); mauritius images/Edmund Nägele (S. 50, Berglandschaft), mauritius images/Rudolf Pigneter (S. 51, Perchten)

DRUCK UND BINDUNG: Finidr s.r.o., Cesky Tesin, Tschechische Republik

Materialangaben und Arbeitshinweise in diesem Buch wurden von den AutorInnen und den Mitarbeitern des Verlags sorgfältig geprüft. Eine Garantie wird jedoch nicht übernommen. AutorInnen und Verlag können für eventuell auftretende Fehler oder Schäden nicht haftbar gemacht werden. Das Werk und die darin gezeigten Modelle sind urheberrechtlich geschützt. Die Vervielfältigung und Verbreitung ist, außer für private, nicht kommerzielle Zwecke, untersagt und wird zivil- und strafrechtlich verfolgt. Dies gilt insbesondere für eine Verbreitung des Werkes durch Fotokopien, Film, Funk und Fernsehen, elektronische Medien und Internet sowie für eine gewerbliche Nutzung der gezeigten Modelle. Bei Verwendung im Unterricht und in Kursen ist auf dieses Buch hinzuweisen.

Auflage:	5.	4.	3.	2.	1.	
Jahr:	2010	2009	2008	2007	2006	[Letzte Zahlen maßgebend]

© 2006 frechverlag GmbH, 70499 Stuttgart

ISBN 10: 3-7724-5256-6
ISBN 13: 978-3-7724-5256-7
Best.-Nr. 5256